幽默沟通学

提升魅力与气场的口才技巧

卢光光　编著

企业管理出版社
ENTERPRISE MANAGEMENT PUBLISHING HOUSE

图书在版编目（CIP）数据

幽默沟通学：提升魅力与气场的口才技巧 / 卢光光 编著.—北京：企业管理出版社，2019.1

ISBN 978-7-5164-1843-7

Ⅰ.①幽… Ⅱ.①卢… Ⅲ.①幽默（美学）－语言艺术－通俗读物 Ⅳ.①H019-49

中国版本图书馆CIP数据核字（2018）第272103号

书　　名：	幽默沟通学：提升魅力与气场的口才技巧
作　　者：	卢光光
责任编辑：	蒋舒娟
书　　号：	ISBN 978-7-5164-1843-7
出版发行：	企业管理出版社
地　　址：	北京市海淀区紫竹院南路17号　　邮编：100048
网　　址：	http://www.emph.cn
电　　话：	编辑部（010）68701661　发行部（010）68701816
电子信箱：	26814134@qq.com
印　　刷：	三河市荣展印务有限公司
经　　销：	新华书店
规　　格：	170毫米×240毫米　　16开本　12印张　235千字
版　　次：	2019年1月第1版　　2019年1月第1次印刷
定　　价：	48.00元

版权所有　翻印必究 · 印装有误　负责调换

前言 FOREWORD

幽默和风趣是智慧的闪现。

——[英]莎士比亚

与幽默的人相处如沐春风，与之交谈都会倍感愉悦。具有幽默感的人很容易让陌生人对之心生好感，因为他会在不经意间化解人际交往中的各种矛盾或冲突，还能在愉悦的交谈中改变对方的思考角度，让对方在不尴尬的谈话氛围中意识到自己的问题。幽默能使暴躁发怒者脸上重新绽放出笑容，也能给予伤心难过者温暖与关爱。有幽默感的人在给别人带来欢声笑语的同时，无形中也缩短了人与人之间的心理距离。

幽默的人有趣而不枯燥，具有非凡的影响力和感染力，能够掌控各种场合，成为人们关注的焦点，得到人们的尊重和信任。可以这样说，具有幽默感的人必定是一个充满魅力、气场强大的人。

掌握了幽默沟通的学问，就拥有了通向魅力气场的口才秘籍。在人际交往中挥洒幽默口才，可以驱散困苦的愁云，让你的周围充满愉悦与欢笑；在谈判和演讲中带着幽默口才上阵，可以使你的每句话都扣人心弦，轻而易举地"俘获"观众；职场中巧用幽默口才，可以帮助你成功地推销自我，赢得上司的赏识和同事的青睐；在爱情与婚姻中运用幽默口才，能够给你带来浪漫的情怀，助你拥有开心、幸福和美满。

可以这样说，幽默不仅是生活的调味剂，也是工作的润滑剂；不仅是爱情的兴奋剂，也是矛盾的消融剂；不仅是家庭的黏合剂，也是仇怨的稀释剂。由此可见，掌握幽默的沟通技巧，在待人处事中是多么的重要。

不过，很多人以为幽默沟通的本领是与生俱来的。有的人天生幽默，妙语连珠；而有的人则天生沉闷，只能做个"闷葫芦"。这种观点其实大错特错，作为一种沟通技巧，幽默是可以后天培养的。只要我们内修心性，外练技巧，将一颗积极乐观的心与思维敏捷的大脑结合起来，就能在人际交往时如鱼得水，赢得别人的欢迎与喜爱，人生就会拥有更多的快乐与成功。

本书从实用角度出发，对幽默方式、幽默技巧、幽默修辞、幽默尺度、交际幽默、职场幽默、谈判幽默、爱情幽默、家庭幽默和演讲幽默等进行了生动、有趣的介绍，让你真正掌握幽默口才制胜秘籍。本书能够教会你如何为自己的话语注入幽默元素，把僵硬的言语说得婉转，把直白的语言说得妙趣横生，摆脱平淡乏味的交谈，提升自己的人格魅力，修炼强大的气场。

让幽默成为你的一种生活态度，提升你的人格魅力，让你拥有一个快乐的人生。只有懂得正确使用幽默，并善于表达幽默，自己的影响力和感染力才会越来越强，强大的气场才会让你得到更多人的拥戴，获得更多人的理解和支持，使自己的工作和生活更加充满智慧，更加丰富多彩。

编　者
2018 年 10 月

目录 CONTENTS

第一章

向沟通高手学幽默,这样说话最给力

一、黄渤:精通调侃之道的 70 亿影帝 /2

二、马云:被阿里巴巴耽误的段子手 /4

三、汪涵:让幽默充分睿智化的典型 /6

四、撒贝宁:机智搞怪,善戏善谑 /7

第二章

风趣幽默靠"内功",把谈笑风生变成一种气场

一、多看段子多读书,注意收集他人的幽默 /11

二、戏谑诙谐以自嘲,幽默沟通的最高境界 /13

三、自吹自擂自幽默,你说得对,我就是这么优秀 /15

四、学会幽默诡辩术,从气势上压倒对方 /17

五、我就是这么"不正经",理儿不歪,笑不来 /19

六、幽默要自然,真正的幽默就是水到渠成 /21

七、荒诞不是真的荒诞,幽默却是真的幽默 /23

八、巧妙诱导，幽默暗示，让对方自行领悟 / 26

第三章
给沟通加点儿料，可以逗笑所有人的幽默技巧

一、欲擒故纵：你随便跑，跑得了算我输 / 29

二、偷梁换柱：偷换概念制造幽默 / 31

三、指桑骂槐：让"槐树"有苦难言 / 33

四、旁敲侧击：聪明之人永远不说"你错了" / 35

五、大词小用：维护世界和平的任务就交给你了 / 37

六、断章取义：这样说话也有幽默，就看你怎么圆场 / 39

七、假痴不癫：我傻我骄傲，我傻我自豪 / 40

八、自相矛盾：今年过节不收礼，收礼只收脑白金 / 42

九、巧设悬念：真相只有一个…… / 43

十、搞笑模仿：下自己的蛋，让别人说去吧 / 45

十一、巧妙对比：在平凡中发现不平凡 / 47

十二、以正导反：信不信我能徒手开酒瓶？不信还不拿起子 / 49

十三、寓庄于谐：既有趣可笑又意味深长 / 51

第四章
幽默讲修辞，让自己成为别人眼里那个有趣的人

一、比喻：巧比妙喻出幽默 / 54

二、夸张：捡到芝麻当西瓜，越夸张越幽默 / 55

三、反问：逗号改问号，让我们的语言更幽默 / 58

四、联想：脑洞大开，为幽默插上想象的翅膀 / 59

五、双关：不仅显示"幽默"，还要展示"智慧" / 61

第五章

幽默当有度，人家可以自嘲，你不能嘲讽

一、幽默≠会讲笑话，你背下整本笑话书也没用 / 65

二、巧妙拒绝不伤人，地主家也没有余粮啊 / 66

三、幽默≠插科打诨，而是面对危机挫折时的优雅身段 / 68

四、良药不苦口，给批评穿上一件"糖衣" / 69

五、幽默≠故意出丑，你没必要扮演小丑 / 71

六、雅俗共赏，最怕你低俗还暗赞自己风趣幽默 / 73

七、幽默≠讽刺挖苦，要学会与人为善 / 74

八、幽默有禁区，前方高能，紧急规避动作 / 75

第六章

扭转不利局面，用幽默巧妙摆脱困境

一、拒绝针锋相对，舌头代替拳头，幽默化解愤怒 / 81

二、尴尬不期而遇，利用反向思维制敌 / 82

三、回敬"揭短"，以子之矛，攻子之盾 / 84

四、人非圣贤，孰能无过，巧用幽默为过失辩白 / 86

五、5个妙招，让你做冷场时的幽默高手 / 88

六、以谬制谬，谬误也能趣味横生 / 90

七、冷幽默，一本正经地胡说八道 / 93

八、巧妙救场，为他人夺回面子 / 94

第七章

轻松拥有好人缘，提升气场的幽默交际法

一、让幽默做人际交往的"开门砖" /97

二、幽默式赞美，令对方舒心加开心 /98

三、安慰不如幽默，幽默让对方破涕为笑 /100

四、说服对方，晓之以理不如动之以"笑" /102

五、不动声色地讲故事，笑容越少越幽默 /104

六、比有趣的灵魂更难得的是发现有趣 /106

七、展现幽默的涟漪式效果 /108

第八章

老师不会教但社会很需要的职场幽默法

一、与上司幽默，掌握职场幽默化生存"四大方程式" /111

二、与同事幽默，偶遇冲突，亦能一笑泯恩仇 /114

三、与下属幽默，走下神坛，放下架子一起笑 /115

四、与客户幽默，告别严肃，让客户对产品感兴趣 /118

五、面试有妙招，幽默应答，敲开职位的大门 /120

六、压力越大越低效，不妨试试幽默解压法 /121

七、男女相处有顾忌，面对异性同事，玩笑适可而止 /123

八、职场上，尴尬的玩笑并不代表你有幽默感 /125

第九章

谈判幽默有攻略，再难做的交易都能搞定

一、轻松入题，谈判气氛让幽默做主 / 130

二、善用幽默战术，打破冷战僵局 / 131

三、咄咄逼人没效果，试试以退为进幽默法 / 133

四、巧用幽默卸下对方心理防备，让谈判由心开始 / 136

五、以静制动，幽默反击，专属内向人群的竞争力 / 137

六、反击力度要适当，别让幽默成为攻击 / 138

七、掌握了幽默，你就掌控了谈判的主动权 / 140

八、幽默谈判三大制胜法宝——迂回、反问与反语 / 140

第十章

爱情沟通有技巧，幽默能让女神丧失抵抗力

一、学会幽默搭讪技巧，成为情场高手 / 143

二、表白有套路，更容易俘获芳心 / 145

三、情话说给爱的人，用幽默征服对方的耳朵 / 147

四、爱情有"漏洞"，幽默来填补 / 149

五、把握分寸，别让幽默成为爱情的刽子手 / 150

六、委婉拒绝，巧妙发张"好人卡" / 151

七、屡试不爽的爱情沟通五种幽默方式 / 153

第十一章

机智、俏皮，不做家里最不会说话的那个笨嘴舌

一、生活是琐碎的幽默，不能只看到琐碎而忽略幽默 / 156

二、避免感情危机，学点儿"灰太狼"的幽默哲学 / 157

三、教育孩子不是说教，用幽默填平代沟 / 160

四、幽默可以跨越年龄，帮助子女与年老的父母沟通 / 162

五、谁说婆媳一定是天敌，握手言和不是事儿 / 164

六、打响婚姻保卫战，让爱情起死回生 / 166

第十二章

当众讲话言之有趣，幽默演讲让掌声响起来

一、当众说话不害怕，克服怯场有诀窍 / 170

二、精彩的开场白，让你的演讲成功一半 / 171

三、巧妙穿插，让你的演讲掌声不断 / 174

四、演讲有意外，用幽默掌控全场 / 176

五、幽默互动引共鸣，全场参与燃热情 / 178

六、结尾来个小幽默，为演讲锦上添花 / 179

第一章

向沟通高手学幽默，这样说话最给力

你是否被影帝黄渤的幽默诙谐所折服？你是否被段子手马云爆出的金句所吸引？你是否被撒贝宁的机智搞怪逗得哈哈大笑？懂幽默、会沟通的他们可以说是人见人爱，花见花开。你是不是也想成为这类人，实现自己的华丽变身？那就不要犹豫，马上来学习沟通高手的幽默之道吧！

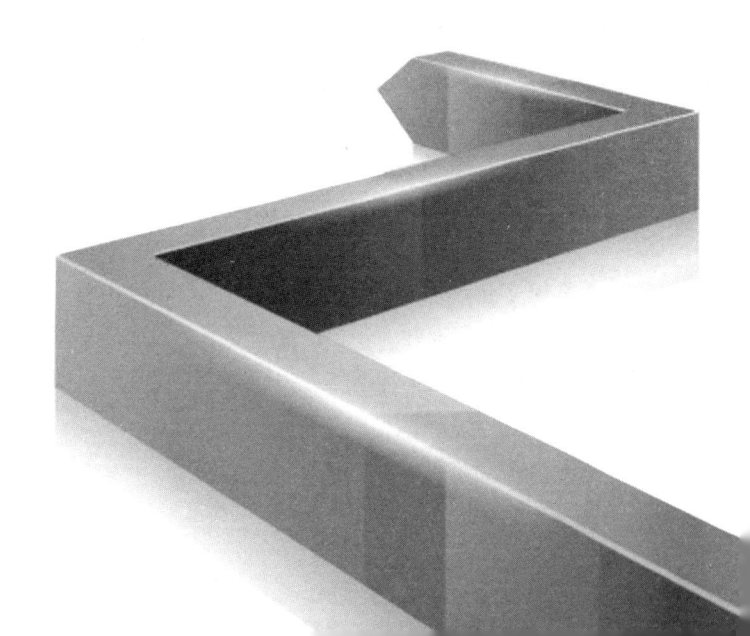

一、黄渤：精通调侃之道的 70 亿影帝

幽默是人与人之间的润滑剂，是锦上添花的调味品，是破解尴尬的必备武器，也是我们需要不断学习和掌握的社交技能。幽默风趣的人无论走到哪里都像一本睿智有趣、令人不忍释手的经典著作，给大家带来无数欢声笑语，譬如金马影帝黄渤。

黄渤是大家耳熟能详的演员，他是影视界的一匹黑马，凭借着精湛的演艺获得了无数观众的喜爱。在鱼龙混杂的演艺圈，一个长相令人如此不敢恭维的人居然也可以大红大紫而且几乎毫无差评，简直难以置信，而这一切自然要归功于他那高超的情商和随身携带的幽默技能。

爱美之心人皆有之，可是相较于外貌的美丽，那些隐藏在普通外貌背后不普通的灵魂更令人惊叹。黄渤用自己的行动替我们验证了那句话——好看的皮囊千篇一律，有趣的灵魂万里挑一。

这个口才惊人、情商奇高的演员，总能以他的机智幽默和成熟淡定逗乐现场的所有人。不矜持、不造作、不狂傲、不自夸、不怯懦、不自卑，谈笑风生，幽默得体，恰到好处，这才是真正懂得幽默之道的沟通高手。

案例 1　星空演讲幽默开场——"谁会拒绝一个幽默的人"

2016 年，黄渤和王凯等几位明星参加了一档节目"星空演讲"，当时黄渤的演讲主题是"谁会拒绝一个幽默的人"。

黄渤一上台就说："感谢大家那么有耐心，前面听了那么多无聊的谈话。""黑"完其他嘉宾，他就开始"自黑"："请大家忍耐，继续还有十多分钟无聊的时光。"接着黄渤开始进入正题："幽默经常与尴尬相伴而生，幽默是为了解决尴尬，比如像现在没有掌声的问题。"然后观众大笑，全场响起了热烈的掌声。他只用两个笑话就让全场的气氛活跃起来了。

演讲结束后，主持人梁文道不肯轻易放过黄渤，现场测试了他的幽默值："如果讲笑话别人都不笑，怎么办？"

黄渤笑答："我刚才已经讲过了，就是让自己尽量不要讲笑话。"黄渤再一次展现了他的机智与幽默。

如果我们没办法让自己变得更好看，那就学学黄渤，试着让自己变得幽默起来，没有人会讨厌一个幽默的人，没有人会拒绝一个带来欢乐的人。

第一章
向沟通高手学幽默，这样说话最给力

案例2　我这样就是整容了，那医院得赔我多少钱呢？

和演艺圈中的大部分当红男星相比，黄渤的颜值算是一个硬伤。但有一段时间，细心的观众觉得黄渤的形象发生了一些变化，似乎眼睛大了，鼻子高了，就连皮肤也好了，因此大家纷纷猜测他整容了，更有消息说黄渤是去韩国整的容。

对于这个传闻，有记者专门向黄渤求证。黄渤一听哑然失笑，指着自己的脸说："我的天哪，那我现在这是整容之后？我这样就是整容了，那医院得赔我多少钱呢？以前就有朋友开玩笑说，'你这样的脸单是去整容得花多少钱啊！因为要整的话，满脸上下就没有一个不需要整的地方啊。'我估计大家是看到我在电影里邋遢的形象看多了，自己平时的样子比电影里强点儿，所以觉得我帅了点儿吧，真没整过。要说这传闻真是厉害，我真担心明天还会不会说我锯了腿，接骨长高了呢。"

黄渤的一席话不仅澄清了传闻，让记者忍俊不禁，还展现了自己高超的幽默技巧。

真正的幽默是一种高超的智慧，既能博人一笑，令人愉悦，又能辨是非，澄清真相。"我这样就是整容了，那医院得赔我多少钱呢？"这句反问巧妙地运用了逆向思维，不仅充分展现出自己的诙谐幽默，而且巧妙地否定了整容的传闻。听了他的自嘲后，谁还会去相信或议论整容呢？恐怕大家只记得他那神乎其神的幽默感了。

宣传《西游降魔篇》时周星驰说："黄渤现在是喜剧演员中的王中王啊！"听到这个评价的黄渤赶紧自嘲道："王中王，星爷这是在说我是火腿肠啊，哈哈……"

某次颁奖典礼上，颁奖人调侃黄渤："马云说：'男人的颜值和才华成反比'，这句话黄渤你怎么看？"黄渤不紧不慢笑着回应道："我相信这句话也激励着您。"

黄渤初次与马云见面时，马云说："我们俩颜值差不多，但你穿衣服好看。"黄渤立即对马云的话表示赞同："因为世界上不仅仅有我一个先天条件这么好的人在奋斗着。"把自己和马云都夸了一下。

类似的幽默表现在黄渤身上数不胜数，他简直可以称为整个娱乐圈的幽默担当。其实，黄渤之所以拥有如此高超的幽默技巧，除了语言技巧和灵活反应外，更重要的是他的善意和谦逊。要知道真正的"幽默"不是耍嘴皮子，更不是尖酸毒舌嘲笑讽刺，而是一种风度涵养和不让他人难堪的体谅。

> **沟通技巧**
>
> 只有自信、豁达、乐观、超脱、谦虚的人才会懂得真正的幽默。尽管已经成为 70 亿影帝，但黄渤在别人的夸赞面前始终表现得无比谦虚。正是这种豁达的心态造就了他那机智幽默的高超情商，毕竟敢于自嘲的人才是真正的幽默高手。

二、马云：被阿里巴巴耽误的段子手

幽默是一个人的学识、气度、才华、智慧在沟通中的集中展现，真正的沟通高手不仅能让对方听懂自己的话，还能让他听得开心、快乐，让谈话变得风趣幽默。马云无疑是幽默场上的个中高手，他那风趣的语言、自信的自嘲、精练的段子，让他能在各种场合引爆全场的气氛，既带来欢乐，又带来掌声。

案例 3　马云自称是个"讨厌迟到的老师"

创业之前，马云在杭州电子工学院任教时，曾经开办过一个英语夜校班。有一次，上课铃声已经响起了很久，讲台上依然空空如也，直到十分钟后，一个身材瘦小的男子才匆匆走进教室。

这位男子一走进教室就说："今天我们讨论的题目是'迟到'，我最讨厌迟到，迟到就是对别人的不尊重，从某种意义上说，迟到就是谋财害命……"

听到老师这番"义正辞严"的表达，同学们不禁开怀大笑。而这位用诙谐幽默的方式表达了迟到歉意的老师就是马云。

能在任何场合展现自己的幽默能力的人，一般都是社交活动中的沟通高手，而马云就是这样一个人。无论是朋友还是陌生人，无论是面对千百人的演讲还是几个人的闲谈，马云都能就地取材，让幽默无处不在。

任何一个企业家的成功都需要幽默的力量，换言之，他一定是积极面对生活，乐观看待事物，才能够真正走向成功。在中国企业家群像里，马云就是这样一个特立独行的人，一个骨子里充满了幽默的人。

案例 4　饭局闲聊引争议，马云自嘲"童言无忌"

2015 年，马云"吐槽"京东的一篇报道引起热议。原来马云的某次席间谈

第一章 向沟通高手学幽默，这样说话最给力

话被友人录为音频传到了网上，"京东将来会成为悲剧，千万不要去碰京东"。

被队友"坑"惨的马云赶紧发长文致歉：

"上午，收到公关部王老总一条短信：'恭喜您马总，聊天聊嗨了？没想到朋友录音成文吧？'我回他：'防不胜防，下次聊天上澡堂……'

"我这个人喜欢聊天，漫无目的，海阔天空，痛快淋漓而只图'嘴爽'。这些年在很多不同场合，我说了不少的'疯话''胡话'和'愚蠢的吹牛'，给自己也给别人带去了不少问题和麻烦：轻狂和无知总是一路伴随着我……我这个年龄真不该'童言无忌'啊！

"这次聊天，没想到一个朋友把聊天再次录音成文，很多话确实是我说的，但媒体弄出一个我批评京东的标题文章，传播得很快。友人间的吹牛聊天被公开成报道，对大家都不公平，特别是对京东公司可能会造成无端的困扰和添乱，我深表歉意。

"我补充一下我对京东的另外一些思考吧：任何商业模式都是不完美的，没有所谓真正正确的模式。适合自己的鞋子才是最好的鞋子。适合自己理想的，受客户欢迎的就是最好的！如果中国互联网只有一种所谓的正确模式，才是我们的悲哀和无知。当然，我们这些创业者都是在每天被人挑战指责下走出来的。今天的京东也已经不是昨天的京东，我们真心关注并祝福它的努力和变革。

"我估计也改不了自己'好为人师，毁人不倦'的性格，也习惯了被各种'语录观点'……但是我希望把自己的观点尽量完整表达，以免再'出口伤人'。新年快乐！（其实下次谁要'录音'，一定记得请带两块电池，万一没电了多麻烦……）"

在这封致歉信的开篇，马云用"防不胜防，下次聊天上澡堂……"的幽默话语来了一个小调侃，对新闻报道的偏颇和友人的曝光表示无奈，放低了自己的姿态。后面又用"童言无忌"进行自嘲，既玩了把幽默，又不卑不亢、坦然淡定。

道歉的高超技巧不是极力为自己辩解，也不是设法骗取他人的宽恕，而是拿出自己的诚意，放低自己的姿态，通过幽默逗笑对方。在面对过失时，我们首先应该勇于承担责任，然后用适当的幽默缓解气氛，这样才会显得自己更加真诚。

> **沟通技巧**
>
> 好口才不是一天练就的，幽默也不是背几个段子就能掌握的，它是建立在深厚的学识基础之上的。学识越广，自身素质就越高，讲话自然也就能做到旁征博引、引经据典，语言自然也就变得生动鲜活、诙谐幽默。正如马云所言："书读得不多没有关系，就怕不在社会上读书。"

三、汪涵：让幽默充分睿智化的典型

汪涵说："搞笑的'搞'字是一个提手旁加一个高字，所以说只有高人才能搞笑，而能真正搞笑的人也是高人。"

绝大部分人对汪涵的印象就是幽默，甚至将其特有的风格冠以"汪式幽默"的名号。"汪式幽默"的独特之处在于：他可以在节目当中即兴发挥，逗笑全场；还可以寓教于乐，让人们在笑过之后颇有所得。很多时候，他会适时地说出一段极有内涵的幽默话语，不仅能让观众们开怀大笑，还能引人深思，甚至让人感受到一种温暖人心的力量。

案例5　汪涵"因公忘私"推迟婚礼，感叹"江湖人"身不由己

2009年，已经年满35岁的汪涵与女友杨乐乐相恋经年，两人原本计划在5月20日"网络情人节"这一天举办婚礼，但湖南卫视国际频道在香港落地的开播庆典活动正巧于当天举行，而汪涵作为节目主持人不得不"因公忘私"，将婚事延期。

对于此事，汪涵幽默地回应："俗话说得好：'人在江湖，身不由己'，我父亲是江苏人，母亲是湖南人，他们都说我是个'江湖人'。那作为'江湖人'，我个人唯有一切服从领导安排，听从台里调度，以'风里来、雨里去、三过家门而不入'为己任。"

"人在江湖，身不由己"的汪涵，一句话就让现场的所有人都忍不住大笑起来，对他这个"江湖人"的幽默能力赞叹不已。他的这个"江湖人"既解释了事情的经过，又表现出自己的无奈与歉意，最重要的是用幽默的方式将自己的意思表达出来，让大家在哈哈一笑中就将其略过，不可谓不高明。

案例6　抬桌子不"台"柱子的湖南卫视当家主持

作为湖南卫视的当家主持，汪涵自然是风光无限、备受瞩目，可以称得上是主持界的明星人物。不过任何人的成功都不是一帆风顺的，汪涵同样如此，他的成名之路上一样洒满了辛苦的汗水。

作为一个播音专业的中专毕业生，汪涵刚进湖南台时根本无缘上台，只能从剧务做起，整日辛苦忙碌，干一些杂活。后来汪涵走红后，一位采访他的记者称赞他是湖南台的台柱子。

听到这句话后，汪涵故作惊讶地自嘲："我做剧务的时候，每天骑着一辆破单车，给录制现场的观众发矿泉水、讲笑话、逗表情，我那时是勤杂工，只负责抬桌子，不抬柱子啊！"然后汪涵又伸出自己的手对记者笑道："你看我的手掌赛似熊掌，当初我当现场导演的时候，如果我觉得现场气氛不活跃，我就使劲地拍巴掌，久而久之咱这熊掌就这样锻炼出来了。"

汪涵可以在任何时刻让大家开口大笑，不管多么平淡的话语，他总能从中找出令人发笑的部分。除了机智的反应和敏锐的嗅觉外，更为难得的是汪涵的这种自嘲体现了一种谦虚的态度，更容易获得人们的好感。

单纯的插科打诨只是耍嘴皮子，真正的幽默高手体现的是一种生活的睿智，他们的语言可能不会让人一听就开怀大笑，但可以让人回味良久。汪涵总能从一个不一样的角度来看问题，让人们得到意想不到的回答。

汪涵就像独步武林的高手，又如舞台上的定海神针，随时应对可能发生的意外，不管遇到什么样的突发情况，他总能凭借自己的灵活反应化险为夷，化解舞台尴尬，同时传递出温暖人心的能量。不管遇到怎样的风雨，他总能将其化为和风细雨，滋润万物。

也许有人能把你逗笑，也许有人能为你开导，但像汪涵那样能如此巧妙地将事理融于欢笑之中的可谓少有。正如汪涵在《开讲了》中所言："幽默不是一种技巧，是一种生活。"

用幽默去叙述厚重的人情世故，用幽默去体现自己的气质、修养，用幽默去阐释生活的喜怒哀乐，这就是幽默睿智的汪涵。

> **沟通技巧**
>
> 《南方周末》曾这样评价汪涵的主持风格："有何炅的活泼，但从不幼稚；有程前的成熟，但从不呆板；有吴宗宪的幽默，但从不低级。"以幽默来表现睿智，在睿智中暗含幽默，这才是幽默的最高境界。想学得像汪涵一样幽默，那就先让自己变得睿智一点儿吧！

四、撒贝宁：机智搞怪，善戏善谑

从《今日说法》中的严肃庄重，到各大综艺节目中的机智搞怪，撒贝宁以他独有的幽默风格给全国观众带来了很多惊喜，引得无数粉丝追捧。

50岁的苏菲·玛索说："我对生活永远保持好奇心。"这句话同样可以用来形容撒贝宁。作为央视著名主持人,他是以《今日说法》中严肃、深沉的面孔出场的,据说曾经有人对他说:"你长得特别像未成年人保护法。"可见他的严肃形象在观众们心中的印象有多么深刻。但就是这么一个严肃的主持人,在投身综艺节目后却是如鱼得水,越玩越大,最后竟成了一个给人带来无限欢乐的幽默型主持人。

严肃的节目做久了,撒贝宁便明白自己还可以做些不一样的事,于是他开始做起了综艺,从《开讲啦》《我们有一套》到《挑战不可能》《明星侦探》,有人评价,撒贝宁自从被央视"放"出来以后就"疯"了。

案例7　懂得照顾他人的撒贝宁:我天生就是一个打圆场的人

撒贝宁不仅智商高、肯努力,更重要的是他还特别会顾及身边人乃至陌生人的心情。

一次,著名羽毛球运动员林丹做客《开讲啦》,演讲时他来回踱着步子,显得十分紧张,现场气氛十分尴尬。主持人撒贝宁发现这个情况后,就模仿他的样子走来走去,幽默地说:"运动员就是不一样,随时在准备对抗的状态。"一句话引得全场爆笑,既缓和了现场的气氛,也让林丹放松下来。

撒贝宁说:"我不能让别人尴尬,我天生就是一个打圆场的人。"他从来不会忽略身边的每个人,在融入群体的同时更不允许任何人遭受放逐与不适。不管情况如何,他总能以自己的幽默之力将现场的气氛扭转回来。

所有情商高的人都有一个共同点,那就是懂得温暖地对待他人。他们懂得体会他人的想法,关心他人的心情,理解他人的情绪。他们永远不会让身边的人陷入窘境,懂得给予陌生人方便与爱。他们的幽默是一种讨人喜欢的幽默,是一种令人愉快的幽默,是一种让人心生暖意的幽默。

一个对生活永远充满热情的人,怎么会失去快乐呢?他让自己享受着生活乐趣的同时,也让身边的人感受到温暖与快乐。真正对生活充满热情的人会认真地对待每一个人、每一件事,源源不断地给自己正能量,浑身上下都充满了快乐的力量,幽默感自然不请自来。撒贝宁就是这样的人,和他在一起永远都不会感到无趣。

案例8　撒贝宁做客新浪《微访谈》,妙答网友提问

撒贝宁在做客新浪《微访谈——微服私访》时和网友畅聊,有网友问:"小撒,您除了主持《今日说法》外,还担纲主持一档新节目《我们有一套》,我想问您这档新节目的命名是否是一语双关?"

撒贝宁颇有深意地说:"这名字到底一语几关我也不知道,估计不小于十。"

一句话引得现场观众哄堂大笑。

还有网友问:"你在央视最好的朋友是谁呀?"

撒贝宁说是主持《今日说法》的搭档张绍刚。他幽默地说:"张绍刚不让我说别人。"这句话再次引得现场爆笑。

接下来,网友们的问题可谓是无奇不有,而撒贝宁也见招拆招。

"你是怎么平衡帅与不帅的?"

"别人夸的时候不要狂笑,别人踩的时候不要泪奔。"

"给我说说给力这个词怎么理解?"

"我用这个词已经用到肌无力了。"

"为什么你总是那么阳光?"

"心无浮云,奈何阳光。"

"你是我唯一一个不是因为长相而喜欢的人。"

"真心希望有人是因为长相而喜欢我。"

"老撒,你一直这么调皮吗?"

"我老妈始终认为能把我养这么大是个奇迹,北大也一直认为我能毕业是个奇迹。"

几番精彩对答下来,网友们不得不感叹,诙谐幽默、妙语连珠的撒贝宁真无愧为央视"名嘴"。

最能体现一个人的幽默能力便是他的现场反应能力,从这场问答中我们可以看出撒贝宁几乎是字字幽默,句句带笑。一个一本正经的人幽默起来,真不是一般人可以招架的呀!

> **沟通技巧**
>
> 四岁时,撒贝宁便一个人站在舞台上表演儿歌毫不怯场;中学时,他穿梭于各类演讲比赛,令对手"闻风丧胆"。撒贝宁说:"我喜欢演讲,因为我爱上了那种站在舞台上当着所有人的面儿直抒胸臆的感觉。演讲给我自信,演讲锻炼了我的心理素质和应变能力。"

第二章

风趣幽默靠"内功",把谈笑风生变成一种气场

要练口才,内功第一。很多人觉得风趣幽默就像一种技能一样,只要勤加练习就能速成,其实没那么简单。幽默就像武侠小说中的人物练功一样,要练招式,必须内功先行。对幽默而言,所谓的内功就是内涵,就是阅读量,就是知识面,就是自然而然的幽默感。那些幽默高手之所以能口若悬河、滔滔不绝地讲着有趣的话语,就是因为他们良好的知识积累和长久以来培养出的幽默感。

第二章
风趣幽默靠"内功",把谈笑风生变成一种气场

一、多看段子多读书,注意收集他人的幽默

幽默是一种经过艺术加工的语言形式,是艺术化的语言;幽默是一种艺术方法,是一种可以创造出引人发笑、令人开心的艺术作品的方法。一个人只有懂得审时度势且知识渊博,才能让话语妙趣横生、精彩纷呈,成为一个诙谐幽默的人。因此,培养幽默感的基础是广泛涉猎各种知识,努力充实自我,不断通过书籍、网络和对话等各种途径收集幽默的"浪花",从名人趣事、好友趣谈的精华中摘取幽默的"珍珠"。

案例9　博学广识培养幽默底蕴,让培训越来越有趣

李野是某公司的培训师,主要负责公司的新人培训工作。他的培训有一个特点,那就是不像其他人的培训一样枯燥无味,让人昏昏欲睡,而是轻松有趣,诙谐幽默,让人在轻松愉快的氛围中学到知识,因此他的课上总是笑声不断,高潮迭起,学员们的学习热情也很高涨。为此很多同事都来向他请教,希望能学习他的幽默方法。

其实李野也不是刚开始就这么会说话的,他早先是个性格内向的人。后来为了改变自己的这种性格,他开始尝试多和朋友们一起交流,而且他把多半时间花在听上,尤其是当朋友说一些幽默段子时,他总是聚精会神,把讲话人在展现幽默时的语气、表情和动作等深深地印在脑海里,然后反复回味、琢磨与总结,将他人的幽默消化吸收变成自己的幽默。

另外,他非常喜欢读书和上网查阅资料,而且涉猎的范围相当广泛。每当他遇到有趣的幽默故事时就会随手记录。通过搜集资料和记笔记,他积累的素材越来越丰富,知识面越来越广,而这正是他能在培训中触类旁通,有说不完的幽默段子的原因。

除此之外,李野还经常看一些有趣的娱乐节目,学习主持人的妙语连珠和搞笑功夫。开始他只是单纯模仿那些主持人的幽默方式,等自己完全掌握以后,他就会将其融入自己的演讲中,最后形成具有自己独特风格的幽默方式。

没有谁是天生幽默的,幽默需要积累和培养。就像案例中的李野一样,博览群书,开阔眼界,积极吸取养分,只有当自身的知识积累到一定程度时,我们才能做

到面对任何人、任何场合都从容自如、胸有成竹，成为幽默自信的人。

那么，我们应该如何修炼好自己的幽默"内功"呢？

1. 广泛阅读

幽默是智慧的展现，无论是精辟的比喻还是诙谐的调侃，都要"肚子里有货"才行。丰富的经历和广博的知识正是幽默的基础，只有具备足够的知识储备才能妙语频出、幽默不断，而书籍与网络无疑是我们获得知识最方便、最快捷的途径。

2. 搜集幽默故事

我们可以每天看一些有趣的故事或小品，不仅要看，而且看了以后还要将其中的精彩部分记下来；每天搜集两三段幽默语录，不仅要搜集整理，最好能找机会将其使用出来；有时间的话可以看一些喜剧电影，从中寻找灵感。只要我们能持之以恒地朝这个方向努力，我们的幽默感一定会源源不断的。

3. 参加社交活动

幽默是一种可以感染的力量，而这种感染是一种润物无声、潜移默化的过程。我们要调整好心态，多与富有幽默感的人交往，学习他们的幽默言辞及方式。俗话说得好，"近朱者赤，近墨者黑"，经常与他们相处，时间长了，我们自然就会受到他们的感染，变得像他们一样风趣幽默。这可以使我们在增强幽默感的同时扩大交际面，锻炼自己的社交能力。

4. 加强幽默训练

再多的积累也需要实战的演练，如果我们只是自己一个人默默地背台词，遇到人后却缄默不语，那又有什么用呢？其实在日常生活和工作中，除了那些必须保持严肃的特殊场合外，我们都可以试着让自己变得轻松，说一些有趣的话。我们可以充分发挥自己的创造力，调动自己大脑中储存的幽默素材，在各种场合运用各种方式将其表现出来。

当然，幽默的使用时机也十分重要，过多的准备和酝酿往往会错过机会，好的幽默是猝然间诞生的，而这就需要我们多加练习，提高自己的反应能力。

> **沟通技巧**
>
> 我们可以将自己搜集到的幽默素材分门别类地记录下来，例如，可以从题材上将其分为故事、妙语和小品等，在内容上可以分为婚姻、职场和学校等。这样可以帮助我们有效地整理幽默素材，不仅记录在笔记本上，更要储存在大脑中。

二、戏谑诙谐以自嘲，幽默沟通的最高境界

幽默是一种智慧高超者才能掌握的沟通艺术，而自嘲则是其中的最高境界。也就是说懂得自嘲的人必定是智者中的智者，高手中的高手。自嘲要求我们拿自己的失误、不足甚至缺陷来开玩笑，对这些不予遮掩与躲避，反而通过幽默的方式将其夸张与放大，然后巧妙地引申发挥，赢得一笑。

那些自以为是、斤斤计较的人永远无法懂得自嘲，只有拥有豁达、乐观、超脱的心态和胸怀的人才敢于拿自己开玩笑。自嘲是一种最安全的幽默方式，因为自嘲的对象是自己，不会给任何人带来不适。我们可以用自嘲来活跃气氛，让现场更加轻松；消除尴尬，给大家找一个台阶下；缓和紧张，给大家带来温暖；含沙射影，批评无理取闹的小人。

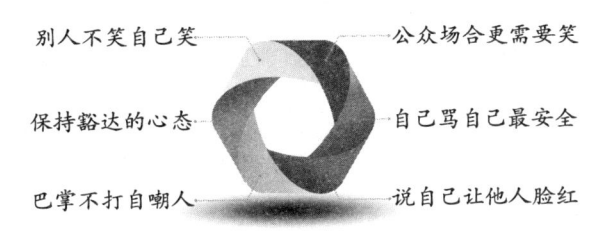

别人不笑自己笑　　公众场合更需要笑
保持豁达的心态　　自己骂自己最安全
巴掌不打自嘲人　　说自己让他人脸红

1. 别人不笑自己笑

我们在生活中难免会遇到各种各样尴尬的瞬间，或是人前蒙羞，或是当众出丑，如果自己恼羞成怒或低头不语，那样只会让我们的处境更加难堪，此时自嘲就成了最好的选择。

用自嘲来应对生活中的窘境，不仅能让我们很容易找到台阶下，还能产生幽默的效果，在哈哈一笑中消除自己的尴尬。所以，当自己遇到尴尬情况时，如果没人愿意给自己台阶，那就自嘲一把，让所有人都笑起来，好让自己巧妙地脱身。不过自嘲时需要对着自己的某个缺点或不足猛烈开火，这份气度和勇气可不是每个人都有的。

案例10　从尴尬到嬉笑：一个妙招解决会议中响起的手机铃声

公司正在召开每周的例会，按照惯例大家都要把手机调成震动模式。贾亮拿出自己新买的手机，操作一番后便放到了口袋里。可是就在会议进行到一半的时候，他的手机突然铃声大作。顿时领导的讲话停止了，脸色也变得极其难看，参会人员的目光都朝向了贾亮和他的

新手机。如果眼神能杀人的话，他现在已经被千刀万剐了。

贾亮一脸尴尬，涨红了脸，不知所措，但他马上强迫自己冷静下来，然后嬉笑着说："十分抱歉，这手机是我刚买的山寨机，初次使用，所以我的水平也是山寨级别的。"

一句自嘲为自己解了围，同事们都哈哈一笑，会场又重新恢复了正常。领导也没有和贾亮计较，继续刚才的会议。

由此可见，适时适度的自嘲不失为一种缓解尴尬、消除紧张的良药。自嘲既能制造轻松和谐的交谈气氛，使自己显得活泼洒脱，又能有效地维护自己或他人的面子，建立起新的心理平衡。

2. 公众场合更需要笑

在一些十分正式的场合开玩笑似乎显得有些不合适，但如果过于严肃又会使人紧张，产生心理压力。因此，在这种冷冰冰的气氛中，我们不妨开开自己的玩笑，这样不仅能缓解他人的压力，还能让他人对我们产生好感。

案例11　"君子动口，小人动手"，张大千巧用自嘲计活跃全场气氛

抗战胜利后，张大千从上海返回四川老家。临行前，各界好友设宴为他饯行，并特邀梅兰芳等人作陪。宴会伊始，众人便请今天的主角张大千坐首座，不过被他拒绝了。

张大千说："梅先生是君子，应坐首座，我是小人，应陪末座。"这句话让梅兰芳和众人都十分不解。张大千笑着解释说："不是有句话'君子动口，小人动手'吗？梅先生唱戏是动口，我作画是动手，理应请梅先生首座。"

这段"君子小人"之说让满堂宾客为之大笑，最后请他们二人并排坐首座。张大千自嘲为"动手"的"小人"，形似自贬，实为幽默，既表现了他的豁达胸怀，又为今天的宴会创造了一个轻松自如的环境。

个性、形象、适当的自嘲可以使我们的话语变得有趣起来。幽默是最好的交往手段，所以真正擅长沟通的人都会以自己开玩笑，也鼓励别人和他一起笑。与人分享快乐，我们便有机会获得他们的善意。

3. 保持豁达的心态

豁达是幽默者必备的一种品质，它往往意味着超脱，但又不同于虚无，它是一种积极因素，是一种美好人性的表现，更是一种乐观的人生态度。因此，我们在自嘲时一定要保持豁达的心态，不要因此感到尴尬或屈辱，否则这就不是幽默。

很多人认为嘲笑自己的缺点和愚蠢是幽默的最高境界,然而自嘲有着不同的状态:如果我们尖刻地嘲笑自己,觉得自己犯了十分愚蠢的错误,理应遭到嘲笑和责骂,那我们感到的就不是幽默而是屈辱了,这种态度正是豁达心态的障碍;如果我们轻松而豁达地嘲笑自己,就能在精神上超脱这一切,因为我们只是以此为介,却不深陷其中。

4. 自己骂自己最安全

当我们想讲笑话、故事、妙语或趣谈时,最安全的目标就是自己。如果我们嘲笑的是自己,谁又会感到不满呢?

社交活动中的自嘲是不可多得的灵丹妙药,如果我们对眼前的困境束手无策,那就不妨自己骂自己,拿自己开玩笑,这样最起码不会得罪人。聪明的幽默者的金科玉律便是:不论你想笑别人怎样,先笑你自己。

5. 巴掌不打自嘲人

当我们的失误引发紧张情绪时,如果我们能适时地自嘲一番,便能很容易获得他人的谅解。这就像两个爆发冲突的人,如果一个人突然倒地承认不是对手,那对方一般就会又好气又好笑地敌意顿消,最多说几句狠话,然后转身离去。

6. 说自己让他人脸红

善于自嘲者大多待人宽厚、与人为善,他们往往不会与人为难或跟他人过不去,更不会没事找事,无事生非。一般来说,就算遇到某些事情,他们的第一反应也是退避三舍。但这并不能证明他们就没有反抗的想法和能力,如果逼之过甚,他们就会以自己独有的方式做出反应。含沙射影的自嘲便是他们的利器,表面上看起来他们是在嘲讽自己,实际却是在嘲讽对方,让对方白白地吃一个哑巴亏。

> **沟通技巧**
>
> 自嘲不是自我辱骂,也不是出自己的丑,把握其中的分寸很重要。它是一种幽默的表达,是将自己的不足以一种幽默的方式表达出来。如果我们仅仅表达出了不足却缺失了幽默,那就不是一种幽默方式,而是真正的自己嘲笑自己了。

三、自吹自擂自幽默,你说得对,我就是这么优秀

人们常说自嘲是幽默的最高境界,不过好的"自夸"同样不易,有时自夸的难度和效果甚至远远超过自嘲。自嘲无非是自我贬低,拿自己取乐,让大家都跟着自己一起笑,而"自夸"则是自我拔高,把自己的优点、长处,甚至缺点、短处,都

统统加以夸大、赞扬，而且这个"自夸"必须带有强烈的幽默感和艺术性，这就十分困难了。

真正的自夸式幽默既搞笑有趣又不招人厌烦，这样才能给大家带来感官冲击，让他们发自内心地大笑起来，使他们感受到一种不一样的幽默。如果我们的"自夸"使用不当，变成了真正的自夸，那就会让人们对我们产生骄傲自大、自我吹嘘的印象。"自夸"带给人的是美的享受，而自夸透露出的则是修养的欠缺。

案例 12　黄渤：我是"偶实派"，一直靠脸吃饭

黄渤是现今娱乐圈中出了名的幽默明星，在参加某次活动时，有记者称赞他是"全能艺人"。

听到这个夸奖后，黄渤一点儿也没有谦虚，而是自夸道："人家分偶像派和实力派，我是'偶实派'，就是力争做偶像派和实力派的混合体。有这么多才能，我也很苦恼，但是没办法，能者多劳嘛！"惹得现场记者笑声阵阵。

黄渤巧立新意，夸赞自己为"偶实派"，结果不仅不让人觉得他骄傲自满，反而十分幽默。这种具有新奇性和独创性的幽默方式，就是典型的自夸式幽默。

简·奥斯丁说："最虚伪的事，莫过于谦虚的嘴脸。你想自夸，尽管自夸。"与其故作谦逊，还不如像黄渤一样善于"自夸"，表现出我们的亲和和幽默，让大家在大笑中接受我们的"自夸"。

案例 13　刘德华：帅的不是脸，而是灵魂

《失孤》是刘德华主演的一部电影，在这部电影中刘德华挑战自我，扮演了一个来自安徽农村的农民。那个面容憔悴、衣衫破旧、一脸沧桑的农民，即使在闹市拍摄时也没有一个粉丝发现这是自己熟悉的偶像刘德华。

这就是演员和角色已经融为一体。刘德华说："我也不知道为什么会这样。第一次造型导演不满意，因为皮肤不够黑，后来暴晒之后再进组就可以了。等拍摄开始之后，我慢慢地走路也变了，我也不知道为什么会这样。"

后来记者问到长得帅是否会影响角色的塑造，刘德华回应道："我的帅在灵魂。"一句话让全场的记者和剧组人员都大笑不已。后来，剧组还赠送了刘德华一个印有"帅在灵魂"的搪瓷缸。

王婆卖瓜，自卖自夸。言语交际中，如果我们能像"天王"一样巧妙得体地自夸自骄，不仅能活跃气氛，还能彰显幽默口才，可谓一举两得。

案例14　人不自恋枉少年，男友自称终极大反派

秦芳与男朋友陈光的感情很好，但就是经常拌嘴，你一句我一句地斗个没完。一次，两人越斗越升级，秦芳生气地说："你就知道和我作对！"

陈光见秦芳有些生气，于是幽默地说道："每一个经典童话都需要一个终极反派，你需要我，这样你才能成为主角呀！"

陈光一句话就把紧绷着脸的秦芳给逗笑了。

谁说"自夸"不能缓解紧张、消除矛盾呢？只要"自夸"用得好，没有听众逗不笑。只要我们把握好"自夸"的度，不要让别人觉得我们夸夸其谈就好。我们最好用调侃的语气说一些虚虚实实、半真半假的话，既不能叫人信以为真，也不能让人一听就是假话，这样才能营造出最好的幽默效果。

> **沟通技巧**
>
> 有时自夸式幽默还可以用来讽刺或提醒对方，让其明白自己话中的不妥。例如，甲说"我家有一面鼓，就像这间屋子那么大。"乙说"我家有一头牛，跟这座楼一样大。"甲说"不可能，怎么会有这么大的牛呢？"乙说"假如没有这么大的牛，去哪找牛皮给你做这么大的鼓呢？"

四、学会幽默诡辩术，从气势上压倒对方

在生活节奏日益加快、人际关系日趋复杂、生存竞争不断加剧的今天，每个人都必须与许多人打交道，人际关系已经成为影响自己事业、生活、心情和精神的重要方面。

我们要想说服别人或为自己辩解，往往会冲动地将感情赤裸裸地表现出来，使自己的话极富攻击性。不过以大吼大叫或急促说话的方式来说服对方是难以成功的，甚至可能引起对方的反感。与其这样，还不如运用幽默诡辩术来进攻，这样或许会使难题迎刃而解。

幽默诡辩术是指在反驳对方时避免使用锋芒毕露、咄咄逼人的语言，而是选择风趣含蓄、诙谐轻松的语言，使其论辩效果更好，更有说服力的诡辩技巧。在论辩

中，幽默的语言可以使一些复杂、深刻的思想变得浅显易懂，在妙趣横生、令人发笑的气氛中将自己的意见表达出来。

案例15　犹太人的幽默：看海涅如何巧言妙对恶意之徒

德国诗人海涅是犹太人，因此常常遭到无端的攻击。在一次聚会上，一个旅行家对海涅讲他在环球旅行中发现了一个岛，说："你猜猜看，在这个小岛上有什么现象使我感到新奇？那就是在这个岛上竟没有犹太人和驴。"

旅行家恶意地将犹太人和驴相提并论，目的是侮辱海涅。

海涅不动声色地回答道："如果真是这样，那只要我和你一块到小岛上去一趟，就可以弥补这个缺陷了。"

在一些特殊的场合恰当地使用幽默诡辩术，我们可以在不动声色间反击对方，使其哑口无言。

案例16　马克·吐温的道歉声明："某些国会议员不是混蛋"

马克·吐温在一次酒会上说："……美国国会中有些议员就是混蛋。"结果第二天，此话便被记者公诸报端，一时间舆论大哗，"混蛋"成了美国大街小巷争相谈论的笑料。而华盛顿的国会议员们则义愤填膺、火冒三丈，他们纷纷要求马克·吐温道歉，不然就将他投入监牢。

几天后，马克·吐温在《纽约时报》上发表了一则道歉声明："日前，本人在一次酒会上发言说'美国国会中有些议员就是混蛋'，近几天有人大动干戈，向我兴师问罪。我考虑再三，觉得此言确实不妥，且不符合事实，特登报声明，将我在那次酒会上所讲的话修改如下：'美国国会中的有些议员不是混蛋。'"

这个声明多么精彩，从字面上来看是"更正"了，但其实还是一个意思，甚至比以前的抨击更令人印象深刻了，而对方却抓不到把柄。就这样，马克·吐温在这起"道歉启事"中以幽默诡辩法再次表达了自己对国会议员们的轻蔑，他的逻辑思维能力令人叫绝。

> **沟通技巧**
>
> 循环论证：论据的真实性靠论点去证明，不停绕圈子。以偏概全：用片面的论据充当全面的论据去进行论证。机械类比：故意把表面相似而本质不同的对象拿来作类比。随意曲解：凭自己的想象和需要，主观地牵强附和，使本无关联的事物"联系"起来。

五、我就是这么"不正经"，理儿不歪，笑不来

中国有句俗语"理儿不歪，笑不来"，意思是循规蹈矩的事物往往平淡无奇，若有误会巧合才会有趣。一成不变的生活自然枯燥无味，而电影、小说等艺术作品正是把常规的人物事件错位组合才有了故事，有了趣味。

康德说："在一切引起活泼的、撼动人的大笑里必须有某种荒谬悖理的东西存在着。"这句话正好解释了歪解幽默的原理。那么，为什么歪解容易形成幽默，给人带来笑声呢？

往风平浪静的水面投进一块石头，立刻就会发出响声、溅起水花。常规思维的心理被超常的信息搅扰，同样引起心波荡漾。奇异、巧妙、荒谬就是这种超常的信息，就是歪解之所以搞笑的要因，也是我们学会幽默应该掌握的要诀。

案例 17　瑞士军官歪解德国空军元帅的提问，令对方哑口无言

第二次世界大战期间，德国法西斯二号头目戈林问一瑞士军官："你们能参加战斗的有多少人？"

"50万。"瑞士军官不慌不忙地答道。

戈林面露鄙视之情，说道："如果我们派百万大军进入你们国境，你们该怎么办？"

瑞士军官说："那我们就每人打两枪。"

戈林的意思是"我们有百万大军，你们只有五十万人，怎么抵抗？"而那位睿智的瑞士军官则故意曲解了他的意思，将其改为"我们有百万大军，你们怎么杀光？"

并幽默地予以了回击，嘲讽了这个法西斯头目。

案例 18　懒汉做客，主人以其人之道还治其人之身

一个懒汉到朋友家做客。早晨起床后，朋友替他叠被，懒汉说："反正晚上要睡，现在何必去叠？"吃完饭后，朋友忙着洗碗，懒汉说："反正下顿还要吃，现在何必去洗！"晚上朋友劝他洗澡，懒汉又说："反正洗了以后还要脏，现在何必去洗！"

第二天吃饭的时候，朋友只顾自己不理懒汉，懒汉问："我的饭呢？"朋友说："反正吃了要饿，你又何必去吃？"睡觉时，朋友同样只管自己，懒汉又问："我睡哪儿？"朋友说："反正迟早要醒，你又何必要睡？"懒汉急着叫道："不吃，不睡，不是要我死吗？"朋友答道："是啊，反正早晚要死，你又何必活着？"

懒汉刚开始运用歪解的方式来狡辩，没想到这位朋友更聪明，干脆来了一个以其人之道还治其人之身，结果使懒汉陷入一个没有饭吃、没有床睡的尴尬境地，不得不无奈地屈服。

除了以上的几种歪解幽默外，下面还有几例。

甲："咸鸭蛋为什么是咸的？"

乙："咸鸭蛋是咸鸭子生的！"

甲："鱼为什么生活在水里？"

乙："因为陆地上有猫，万一被猫吃了呢？"

甲："太阳和月亮谁的用处大呢？"

乙："当然是月亮了，晚上月亮可以帮我们照明，可太阳只有白天才会出来。"

甲："先生，打扰您一下，请问怎样走才能去医院？"

乙："这很容易，只要你闭上眼睛，横穿马路，十分钟以后你准会到的。"

甲："您保持长寿的秘诀是什么呢？"

乙："保持呼吸，不要断气。"

只有掌握这些"似歪非歪，似正非正"的道理，才能挖掘出富有幽默的笑点。

> **沟通技巧**
>
> 歪解确有一种幽默效果，但如果我们表达得过于含蓄，对方可能无法品味出其中的幽默，这就需要我们加以解释，把它的幽默效果放大。例如，"死后的生活怎么样？""死后很好的。""为什么这么说？""如果死后过得不好，那死者肯定都逃回来了。"

六、幽默要自然，真正的幽默就是水到渠成

幽默是一棵需要细心培育才能成长起来的树木，而要想让自己的幽默成长为参天大树，不仅需要大量的知识储备，还需要广博的见识、灵活的反应和良好的口才，最重要的是让幽默保持自然、真实。

一个人越自然、越真诚、越本性，他便越接近真正的幽默。如果只是为了幽默而幽默，生搬硬套、照猫画虎，不仅达不到幽默的效果，还会让幽默变成尴尬。

案例19　交际何须太讨巧，"过火的幽默"只能造成失败的结局

有个英国人一心想得到某俱乐部主席的职位，于是他积极参加俱乐部的各种活动。

一次，他在俱乐部发表一场演讲，在不到两小时的演讲过程中，他说了不下几十则笑话，并配以丰富的表情和引人发笑的手势，来自各地的听众们都被他的笑话逗得哈哈大笑。

演讲结束时，有人还大叫"再来一个"。这位兴奋的演讲者也真的再来了一个，并再次博得了满堂欢笑。但最终结果大大出乎了他的意料，他不仅没有当上俱乐部主席，而且票数是倒数第一。

当他闷闷不乐地走出俱乐部时，遇到了那位喝彩者，便问道："你说我比他们差吗？"

"不，一点儿也不差，"那个人说，"你比他们有趣多了，你完全可以去当喜剧演员。"

得知这个结果，不知道这位演讲者会多么懊悔。幽默不是讲笑话，有趣不是说段子。幽默是在一个恰当的时机进行恰当的调剂，如果不假思索地抛出一大堆笑话，这就像将一大堆食物硬塞进别人肚子里一样，不仅不会让人感到开心，反而会引起反感，就算大家都笑了，也只是将演讲者当成了一个小丑。

这种刻意为之的幽默，并不能帮助我们得到自己想要的结果。如果我们失去了幽默的自然与洒脱，也就失去了幽默的内涵。正如钱钟书先生所言："真正的幽默是能反躬自笑的，它不但对于人生是幽默的看法，它对于幽默本身也是幽默的看法。"

事事都求自然天成最好，幽默也是如此。有准备的幽默可以帮助我们应付一些场合，但总免不了人工斧凿之痕；临场发挥的自然才更显水平，令人惊叹。

案例20　这是我偷不走的东西

一天,一位记者冒冒失失地向一位著名的歌剧演员问起她的年龄。

"这个可记不清了。"演员回答。

"怎么?"记者惊讶地问,"难道您连自己的年龄都搞不清吗?"

演员笑了笑说:"这有什么奇怪的!我认为我应该记住我有多少钱、多少珠宝,因为它能被人偷走。至于我的年龄,无论谁也偷不走它。"

这位聪明的演员故意以"谁也偷不走它"为由,自然而幽默地回绝了记者的问题,既不让记者难堪,又幽默地表达了自己的态度。我们在拒绝别人时,可以像这位演员一样,利用幽默将拒绝处理得自然、得体。只有这样,才不会让被拒绝的人心存不快,或者对我们产生恶意。

案例21　影坛老戏骨妙答主持人提问:大家都要活下去

在一个十分重要的晚会上,两鬓斑白的巴基斯坦影坛老戏骨雷利拄着拐杖,蹒跚地走上台来就座,接受主持人的采访。

主持人开口问道:"您还经常去看医生?"

"是的,常去看。"

"为什么?"

"因为病人必须常去看医生,医生才能活下去。"台下爆发出热烈的掌声,人们纷纷为老人的幽默和乐观喝彩。

主持人接着问:"您常请教医院的药师有关药物的服用方法吗?"

"是的,我常请教药师有关药物的服用方法,因为药师也得赚钱活下去。"台下又是一片雷鸣般的掌声。

主持人继续问:"您常吃药吗?"

"不,我常把药扔掉,因为我也要活下去。"台下的观众再次哄堂大笑。

最后采访结束后,主持人说:"谢谢您接受我的采访。"

"别客气,我知道你也要活下去。"

有一双善于发现的眼睛,一颗聪慧的心,面对他人的提问时,才能将生活舞台中的趣事信手拈来,以幽默的方式表现出来。这种真实、自然的幽默犹如奇葩的花香,令人沉醉其中。我们可以将生活当成一场即兴表演的舞台剧,面对剧中的突发状况,我们要利用现有的场景随机应变,自然而然地将故事演下去。

自然的幽默是一种智慧,一种精神,一种思维,更是一种人生态度。我们只有认识它,拥抱它,感受它,才能真正拥有它的自然之美。

> **沟通技巧**
>
> 幽默的自然性与动作、姿态、神情等都是融为一体的,如果我们神情紧张、举止失措,那不管语言有多幽默,恐怕最后也只能遭到别人的嘲笑。相反,如果我们神情自若、举止有度,就会在无形之中为我们的幽默加分,让其发挥出更好的效果。

七、荒诞不是真的荒诞,幽默却是真的幽默

荒诞是一个由拉丁文"耳聋"演变而来的词,它本来是在音乐中用来指不谐调音的,但现在一般用来表示荒谬、怪诞,不合常规,不合情理,不切实际,稀奇古怪。其实现代幽默的核心内涵便是荒诞。

试想一下,如果世界上的所有事物都循规蹈矩、处处符合常理,那我们如何在生活中寻觅幽默的踪迹呢?喜剧大师卓别林曾经说过:"所谓幽默,就是我们在看来是正常的行为中觉察出来的细微区别。换句话说,通过幽默,我们在貌似正常的现象中看出了不正常的现象,在貌似重要的事物中看出了不重要的事物。"可见,幽默的另一面便是现实的荒谬。

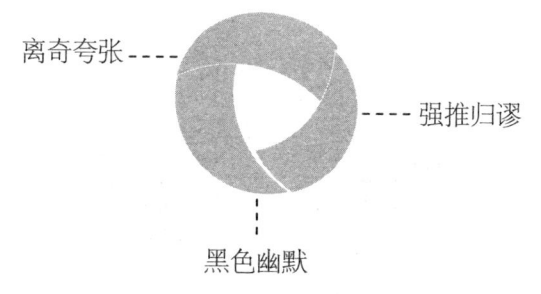

离奇夸张 ---- 强推归谬

黑色幽默

1. 离奇夸张

夸张能制造荒诞，荒诞能产生幽默。虽然夸张只是一种修辞手段，但如果我们能够巧妙运用，制造出荒诞的效果，就能产生幽默感。我们可以通过对某些事物的极力夸大与渲染来揭示现实中的不合理或不和谐的现象，进而制造出幽默。

案例22　幽默成挖苦，夸张不当反成人格侮辱

贺炜的朋友张行不太讲究卫生，家里经常搞得特别乱。一次，贺炜去张行家做客，指着他家挖苦道："瞧你，家里比猪圈还乱。"这虽然只是一种夸张，但用"家"与"猪圈"相比，却带有人格侮辱的味道，如果遇到比较敏感的人，可能就会因此介怀于心。

夸张不是充满嫌弃的夸张，而是一种调侃、达观的态度。如果贺炜换一种打趣的方式这样说："咱们认识了这么久，我今天才发现原来你还有艺术家的天分，你的家都快成一幅抽象画了。"这种煞有介事的夸张一定会让张行笑着去收拾自己的房间。

奇特的想象出乎人们的意料，自然可以产生诙谐的效果。运用夸张制造幽默，最重要的便是丰富的想象力。我们只有具有卓越的想象力，才能使夸张产生出令人惊叹的幽默效果。

2. 强推归谬

强推归谬是为了达到某种目的而进行的不符合逻辑、不合乎情理的强行推理。正因为不符合逻辑、前提虚假，所以结果自然也是荒谬的，然而这样却有可能制造出一种荒诞的幽默。

案例23　老师与学生的对话：究竟是谁梦见了周公？

在一次晚自习课上，值班老师很无聊，竟然趴在桌子上睡着了。等他醒来后觉得很不好意思，便对学生们开玩笑说："我刚才在做梦，梦见周公了。"

第二天，一个学生也仿效老师的样子在课堂上睡着了。老师生气地把这个学生叫醒，训斥道："你怎么能在课堂上睡觉呢？"

学生说："我也做梦，梦见周公了。"

老师问："周公怎么说的？"

学生说："周公对我说，昨天并没有见到您。"

真理往前再跨一步即成谬误。为了借用谬误来实现对幽默的追求，自然应该施加推力，进行强推归谬。

3. 黑色幽默

黑色幽默是20世纪60年代美国重要的文学流派，它是一种荒诞的、变态的、病态的、哭笑不得的幽默。黑色幽默实际上是一种用喜剧形式来表现悲剧内容的幽默，在这里，我们把它当作一种幽默的形式，一种幽默的技巧。

作为一种与传统幽默不同的幽默，黑色幽默中的人物和事件几乎都是荒诞不经的、生活中不可能存在的，而且黑色幽默总是面带笑容地讲述在残酷命运捉弄下的烦恼，用自我解嘲来反映百思不解的心理和人生渺小的意识，用貌似轻松达观的口吻来表现最无可奈何的心理和情绪。

案例24　绞刑架下的幽默

美国有这样一则民间故事：一个囚犯被判处绞刑，在执行绞刑的时候，旁观的群众和刽子手都做好了准备，但囚犯迟迟未到。在大家等得快不耐烦的时候，刽子手押解着囚犯来了。囚犯面对焦急的人群得意地说："没有我，你们什么也干不成！"

美国著名的黑色幽默评论家尼克伯克曾举了一个类似的例子来诠释这种幽默。一个快要上绞架的囚犯指着绳子问刽子手："你肯定这玩意儿结实吗？"因此黑色幽默又被称为"绞刑架下的幽默"。

由于黑色幽默常常带有讽刺、悲观的含义，因此身处逆境的人在心情压抑的状态下多使用此种幽默。一般情况下，它并不适用于日常对话与沟通，否则会显得使用者十分刻薄与阴暗。

> **沟通技巧**　制造荒诞幽默时，我们应该最大限度地发挥自己的想象力，将一切事物当作分割、解构和组合的对象，超越时空、真假与是非的框架，按自己的想法随意改变，这样一来不经意间便能创造各种荒诞的幽默。

八、巧妙诱导，幽默暗示，让对方自行领悟

幽默暗示是一种拐弯抹角、曲径通幽的幽默。幽默一般是间接暗示，诱使对方顿悟。社交场合中有许多冲突，有时由于某些利害关系我们很难直接表达出自己的意思，这时就需要使用幽默暗示来达到自己的目的，减少双方的窘迫感。

案例 25　暗示幽默：用碾不走的麻雀来讽刺撵不走的客人

有个人特别爱占便宜，常常在朋友家蹭吃蹭喝。有一次，他在一位朋友家住了两三天还不走，朋友心里十分恼火，但也不好意思直接赶他走。

这一天，他问朋友："今天吃什么好吃的呢？"

朋友思索了一下，说："我们今天吃麻雀肉。"

"哪来那么多麻雀肉呢？"

朋友说："先在打谷场上撒一些稻谷，趁着麻雀来吃时，就用牛拉上石滚子一碾，这样不就行了嘛！"

爱占便宜的人连连摇头说："麻雀又不傻，还不等石滚子碾过去，它肯定早就飞走了。"

朋友说："放心，麻雀是占便宜占惯了的，只要有了好吃的，怎么碾（撵）也碾（撵）不走。"

既是"碾"也是"撵"，聪明的主人用一语双关的方法巧妙地讽刺了爱占便宜的朋友，让他尴尬不已。以幽默暗示来代替直接指责，既能提醒对方，又不会过于严厉，以致伤害双方的感情。

案例 26　童趣妙语让酒后失态的父亲羞愧难当

有个男人特别喜欢喝酒，常常酒后失态，耽误了很多大事。妻子多次劝他，但都被他搪塞了过去。

这一天，男人又喝得醉醺醺的，被朋友送回家。酒醒以后，儿子对他说："爸爸，我送给你一个指南针吧！"

男人敷衍道："孩子，你留着玩吧，我用不着它。"

孩子说:"你喝完酒回家时,不是常常迷路吗?正好能用上。"

可以看出,幽默暗示比直接指责更令人羞愧不安。这是因为幽默暗示可以让人自己意识到自己的错误,让其心理感触更强烈,更直接。同时,幽默暗示还可以避免直接指责对方而引起的抗拒心理。

案例 27　碰到那么多熟人,不得不连连脱帽

罗西尼是19世纪著名的意大利作曲家,因此常常有很多人带着自己的作品来向他请教。一次,一位年轻的作曲家带了份七拼八凑的乐曲手稿来向他请教。

在年轻作曲家演奏的过程中,罗西尼不停地脱帽。作曲家好奇地问:"先生,是不是屋里太热了?"

罗西尼回答道:"不,我有见到熟人脱帽的习惯。在阁下的曲子里我碰到那么多'熟人',不得不连连脱帽。"

暗示幽默受到很多人的欢迎,原因在于它在多个方面对人们进行了抚慰,给对方留足了面子。如果有人在某些方面伤害了我们,我们完全没必要去直接反击,否则只会让仇恨与报复循环不断,事情会越闹越大。相反,暗示幽默既能照顾对方的面子,又能表达自己的意思,可谓一举两得。

> **沟通技巧**
>
> 曲径通幽的幽默之法一般以间接暗示,诱使对方顿悟为上。如果自己的暗示对方没有听懂,那就说明暗示失败,因为一个需要解释的幽默并不是真正的幽默。因此,不要故意将暗示搞得过于隐晦,以免对方无法理解。

第三章

给沟通加点儿料，可以逗笑所有人的幽默技巧

幽默是智慧与灵感在语言中的运用。当人与人之间发生矛盾时，缺少幽默感的人往往会把事情搞得越来越僵，只有懂得幽默的人才能轻松应对。如果我们能够掌握人际交往中的幽默沟通技巧，就可以巧妙地应付各种尴尬局面，在各种交际场合下都能游刃有余。

一、欲擒故纵：你随便跑，跑得了算我输

在不便明说或不愿明说的场合中，我们可以尝试一种特殊的幽默技巧——欲擒故纵。欲擒故纵是指先假定对方的观点是对的，然后合乎逻辑地推出相反的结论，最后达到自己的目的。这种幽默并不是把要表达的意思直接说出来，而是一放一收，在对比中让对方"顿悟"，领会我们的真实意图。

欲擒故纵的关键在于处理好"纵"与"擒"的关系，我们要做到表面看起来是"放"，顺着对方的意思说话行事，暗中却是"收"，迫使对方就范。同时，"纵"的语言要设计得足够巧妙，使对方相信我们是真的在"纵"。总之，我们要做到"纵"中有"擒"，"纵擒"合一。

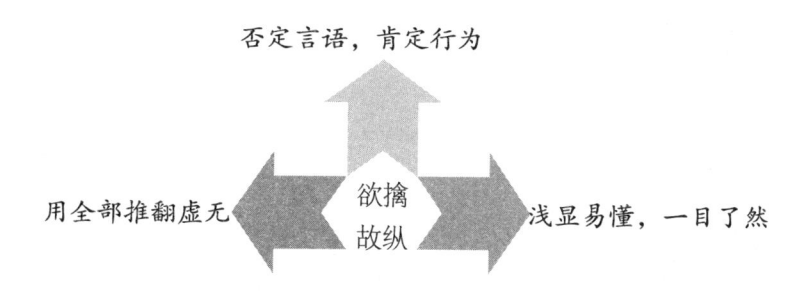

```
          否定言语，肯定行为
                ↑
用全部推翻虚无 ← 欲擒故纵 → 浅显易懂，一目了然
```

1. 否定言语，肯定行为

言行不一的幽默方式应用起来比较简单，首先我们要在言语上否定自己，然后在行为上肯定自己，让对方在虚实对比中明白我们的意思。言行不一可以将自己的真实意思隐藏起来，让对方在言语和行动之间的对比中得出结论，因此具有很强的幽默感。

案例 28　言行不一的可爱老爸：别给我乱花钱

韩牧过年回家想给父亲买一件衣服作为礼物，于是打电话问父亲需要穿多大的尺码。

父亲告诉她："不要乱花钱，别给我买衣服，你留着自己花吧！我穿 XXL 的，你别买到不合适的。"

听到父亲言行不一的话，韩牧被他逗笑了，觉得自己的父亲真可爱。

在这个案例中，父亲虽然"坚决制止"韩牧给他买衣服，但马上又特意说出了自己的尺码，言外之意自然是"给我买 XXL 的衣服"。言行不一的父亲用这种方式

与女儿幽默了一把，怎会不让人感到有趣呢？

2. 用全部推翻虚无

欲擒故纵幽默法的关键在于否定的彻底性，只有这样才能在对比中显示出不同寻常的幽默效果。如果否定得不够彻底，幽默就会显得似是而非，让对方摸不清我们的真实用意，幽默效果自然也就无处可寻了。

案例29　人事部主任巧妙说服新职工剪短发

某些银行为了保持职员干净、整洁的职业形象，不允许男职员留长发。一次，某银行经理和人事部主任接见一批面试合格的应聘者，发现其中有不少留长头发的男子。

留着短发型的人事部主任说："各位，本银行对于头发的长短问题，历来持豁达态度。各位的头发只要在我和经理头发长度之间就可以。"

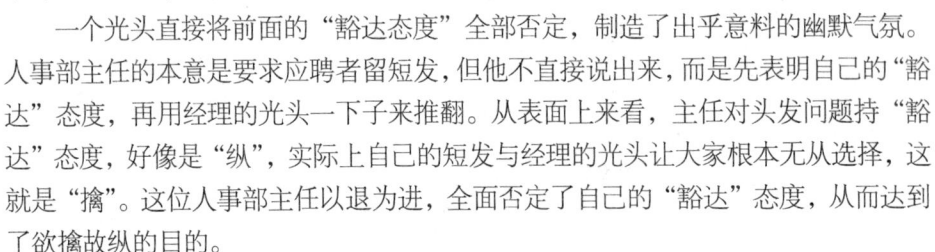

众人立即把目光投向了银行经理，只见他面带笑容地站起来并摘下帽子，露出了一个大光头。

一个光头直接将前面的"豁达态度"全部否定，制造了出乎意料的幽默气氛。人事部主任的本意是要求应聘者留短发，但他不直接说出来，而是先表明自己的"豁达"态度，再用经理的光头一下子来推翻。从表面上来看，主任对头发问题持"豁达"态度，好像是"纵"，实际上自己的短发与经理的光头让大家根本无从选择，这就是"擒"。这位人事部主任以退为进，全面否定了自己的"豁达"态度，从而达到了欲擒故纵的目的。

3. 浅显易懂，一目了然

能被对方读懂的幽默才是真正的幽默，如果我们的欲擒故纵过于复杂，对方无法领悟我们的言外之意，那之前所做的表态及之后的反转不仅无法达到幽默效果，还可能使双方陷入尴尬的境地。因此，我们一定要保证自己的幽默语言浅显易懂，能让对方心领神会。

案例30　"心灵相通"的好小说

某作家问朋友："你觉得我写的小说怎么样呢？"

朋友说："很好呀！大家都说你写的小说说出了他们的心中所想，与读者的欣赏水准非常一致。"

作家问:"那为什么很多人在网上评价说根本看不下去呢?"

朋友说:"不要介意,因为小说的结局如何,读者早就料到了,自然不用继续看下去了,这不正说明了作者与读者心灵相通吗?"

浅显易懂、简单明了的幽默让这位作家一听就领悟出其中的真实意思,明白了自己写的小说情节过于平淡。在这个案例中,一个简单的欲擒故纵就起到了心照不宣的幽默效果。

> **沟通技巧**
>
> 在运用欲擒故纵幽默法时,要注意"纵"的度的问题,千万不要急于求成,以免弄巧成拙,而应合理过渡,保证"纵"和"擒"之间的连贯性。另外,说话方式也很重要,我们应该尽量温和、平静,切忌言语生硬,否则会让对方以为我们在嘲讽他。

二、偷梁换柱:偷换概念制造幽默

穿人类服装的猩猩,骑自行车的猴子,拱手作揖的小狗……这些动物之所以让我们觉得滑稽可笑,就是因为将属于人类文明的东西强加于动物身上,制造出不协调感,从而引人发笑。这就是偷梁换柱所带来的幽默效应。沟通也是这个道理,如果我们故意用甲来代替乙,以此制造一种出人意料的不协调感,幽默自然也就出来了。

偷梁换柱这种幽默技巧一般是指故意歪解或曲解原来话语的意思,或者是古今换用、大词小用、褒词贬用、雅俗换用等。在沟通过程中,我们可以根据自己的需要选择合适的换用方式,进而制造出自己想要的反差效果。

案例 31　幼稚的"儿童文学"

编辑:"你的稿子我已经看过了,艺术上还不够成熟,幼稚了一些。"

作者:"那就把它当作儿童文学发表吧!"

作者在这里偷换了"儿童文学"的概念,既充满了趣味性,又有丰富的意味。不过,如果他的稿子能有这句话这么好,大概也就不会被编辑拒绝了。

偷梁换柱换得越离谱、越隐蔽，所引起的失落、意外的程度就越强，可接受的程度也就越高，获得的效果自然也就越好。不过我们要保证偷换概念的过程在道理上讲得通，这种"通"不是"常理"上的通，而是另一种角度上的通，以这种特殊的角度来显示我们的机智和幽默。

换一个角度来看问题，常常能够制造出独特的幽默感。幽默来源于生活，但幽默并不是生活本身，而是我们可以营造的一种错位。明明要说甲，却故意借用看似无关的乙来说；本来要表达某种意思，却偏偏偷梁换柱，表达另一种意思。

案例32 "拿走橙子"的孩子被揍惨

老师："今天我们来教减法。比如说，如果你哥哥有三个橙子，你从他那里拿走两个，结果如何？"

孩子："结果嘛，我肯会被揍得很惨！"

在这个案例中，孩子将"计算结果"的概念换成了"偷拿苹果"的概念，然后得出了"被揍得很惨"的结论，以此制造出幽默感。这种幽默感最重要的地方在于偷偷地转换了概念，偷换行为越隐蔽，概念的差距越大，幽默的效果也就越好。

案例33 我只是在摇自己的头

在一次会议上，发言者正在滔滔不绝的时候，发现坐在台下的一位同事正摇头表示不同意。这位发言者说："我提醒各位，我只是在发表自己的意见。"

这时，摇头的那位同事站起来说："我也提醒您注意，我只是在摇我自己的头。"

发言者的不满我们都可以理解，但摇头的那位同事则令我们更加意外。一个是"发表自己的意见"，一个是"摇自己的头"，这位同事偷梁换柱的本领可谓高强，让发言者明知道其在明确反对，却又找不到理由来反驳。

偷梁换柱时，我们有两点需要特别注意：选择恰当的替代概念和有临场发挥的能力。

1. 选择恰当的替代概念

要选择恰当的替代概念：一是从行业术语、专业术语和政治术语等方面去选择；二是在交际过程中选择适当的概念来完成换用，这种方式相对困难一些，但只要操作得当效果会更好。

2. 有临场发挥的能力

偷梁换柱往往是在应对他人的质问或刁难时采用的，因此需要我们具有极强的临场发挥能力。我们很难事先猜到对方会有什么样的问题，更难以提前准备好偷换的事物，只有保持冷静并在最短的时间内想出最合适的替代概念，才能让自己的话语产生幽默效果。

> **沟通技巧**
>
> 偷梁换柱是一个比较容易掌握的幽默技巧，但也有些问题需要加以注意。首先，在熟悉替代概念的同时，要弄清它的本来含义，若使用不当很可能沦为笑柄；其次，找出替代概念与所喻对象之间的相似性，这样才能将其联系起来，展现其中的幽默感。

三、指桑骂槐：让"槐树"有苦难言

指桑骂槐就是明骂"桑"而实骂"槐"，既可以达到讽刺他人的目的，又能避免授人以柄，发生冲突。指桑骂槐最大的特点是，"槐"明明知道我们在骂他，却抓不住把柄，只能"哑巴吃黄连，有苦说不出"。如果他忍不住跳将出来，就无异于直接承认了自己就是被骂的人，只会让对方的处境更加尴尬。

语言的奇妙之处在于它可以千变万化，让同一句话体现出许多种不同的意思。不懂这个规律的人，不仅无法运用指桑骂槐的幽默技巧，甚至可能当了"槐"都不知道。指着槐树骂槐树固然痛快淋漓，但缺少了机智和幽默；而指着桑树骂槐树，才更显诙谐幽默。

指桑骂槐的特点在于巧妙地利用话语的多义性来做文章，从字面上看似乎不是针对对方，实际上却暗含了攻击对方的深层意思，使对方虽有觉察却又无可奈何，只能打碎了牙往肚子里咽。

案例 34　实习生巧言反击，让气急败坏的经理哑口无言

张经理最近心情很糟糕，几个新来的实习生虽然工作上也很卖力，但他们工作方法不当，严重影响了他所领导的部门业绩。

于是，张经理开会时气急败坏地说："咱们部门如果有'傻子'的话，请站起来。"

过了一会儿，一个内心不太服气的实习生站了起来。

"哟，你怎么自认为是'傻子'呢？"张经理用嘲笑的口吻问道。

这个实习生慢悠悠地答道："事实上我不认为自己傻，但让您一个人站在这里我觉得挺尴尬的。"

实际上，这个实习生使用的就是"指桑骂槐"的方法，表面上是在说"觉得经理一个人站着让人觉得尴尬"，其实是在暗讽经理是"傻子"，让张经理自己骂了自己。

案例 35　国画大师张大千的胡子

张大千是我国著名的画家，他有一个特点，那就是留着长长的胡子。一天，他与友人一起吃饭，大家讲笑话纷纷嘲弄长胡子的人。

张大千沉默不语，等大家讲完后，他说道："我也讲个笑话吧。关公与张飞被害，刘备兴兵报仇，关兴与张苞争当先锋。刘备让他们各自讲述父亲生前功绩，谁父功大，谁就当先锋。张苞讲了张飞三战吕布、喝断坝桥、鞭打督邮、义释严颜、夜战马超的故事，非常生动；轮到关兴，他只说了一句：'我父五缕长髯……'就再也说不下去了。此时关公显圣，大骂关兴：'蠢奴才，老子过五关斩六将的事你不讲，却在老子的胡子上做文章！'"

张大千巧用指桑骂槐手法的幽默，使在座的人无不大笑。

借助关公的那句"蠢奴才，老子过五关斩六将的事你不讲，却在老子的胡子上做文章！"张大千将一群拿他胡子开玩笑的人都骂了，而且大家只能在肚子里暗自嘀咕，谁也不敢说出来，不然就承认自己就是"蠢奴才"。

案例 36　公鸡报晓：思维灵活的生物学教授

一次，俄国著名生物学教授格瓦列夫正在上课时，忽然有个学生故意捣乱，学起了公鸡的啼叫，顿时全班学生哄堂大笑。大家都看着格瓦列夫，颇有些幸

灾乐祸的味道。

格瓦列夫不动声色，盯了那位学生一眼，又随即看了一下自己的怀表，微笑着说道："不好意思，我的表误时了，没想到现在已经是凌晨了。不过，同学们请相信我的话，公鸡报晓是低级动物的本能。"话音刚落，课堂里就响起了一片喝彩声。

格瓦列夫话语的巧妙令人惊叹，在这种情况下他不仅利用指桑骂槐的手法回击了捣乱的学生，还调节了课堂气氛。试想一下，如果没有他这样的幽默风度和自控能力，恐怕会是另外一番景象。

> **沟通技巧**
>
> 指桑骂槐的暗讽是一把双刃剑，使用得当会让对方心知肚明但又无可奈何，使用不当（讽刺过重引起对方不满）则容易被对方抓到把柄，引发彼此间的激烈冲突，这样不仅失去了幽默的本意，还会结怨于人。

四、旁敲侧击：聪明之人永远不说"你错了"

为人处世，不仅要善听弦外之音，更要善传言外之意。话里有话，一语双关，老于世故之人无须多言直语，即让别人心领神会；高明之人惯用含沙射影、指桑骂槐之术，用话中之话、言外之意来表达自己的想法。

话里有话、旁敲侧击是聪明人的"游戏"，笨人难解其中的风情。其实话里藏话、旁敲侧击是一种迂回婉转的幽默之术，它既重迂回策略，又重隐含之术，这种高超的幽默技巧只有机智聪明者才能驾驭。

在复杂的社会中，我们总会遇到一些令自己心生不快之事，想要表达自己的不满；对自己亲近的人，有时也需要委婉地批评，点拨对方。但是，如何表达自己的意见有着一定的学问，特别是对于一些非原则性的问题，要想做到既能表达出对对方的不满，又不破坏和谐的人际关系确实不太容易，而话里藏话、旁敲侧击则是一种有效的沟通方式。

1. 侧面点拨

案例37 女侍者谈笑之中"敲打"挑剔的顾客

餐馆里，一位挑剔的女士点了一份煎鸡蛋。她对女侍者说："蛋白要全熟，蛋黄要全生，必须还能流动。不要用太多的油去煎，盐要少放，加点儿胡椒。还有，一定要是一只乡下快活的母鸡生的新鲜蛋。"

"请问一下，"女侍者温柔地问道，"那只母鸡的名字叫阿珍，可合您心意？"

面对挑剔的顾客，女侍者没有直接指责对方的要求太过分，而是以一个荒唐可笑的问题来提醒对方：你的要求太过分了，我们无法满足。利用话中之话，女侍者既表达了对这位顾客的不满，又不至于让对方难堪，影响餐馆的声誉。

2. 类比敬告

以两种事物具有的某一共同点做对比，暗示敬告对方言行的失当，使之明白自己的不满。

案例38　一句话让怒气冲冲的经理哑口无言

某公司的一位经理觉得自己在业务谈判中受到了对方公司工作人员的顶撞，于是他气冲冲地给对方公司的经理打电话，说："如果你们不向我保证撤销上次那个蛮横无理的工作人员的职务，显然是没有和我公司达成协议的诚意。"

对方公司的经理听了微微一笑说："先生，对于工作人员的处理问题，是批评教育还是撤职处理，这都是我们公司的内部事务，无须向贵公司做什么保证。比如说，我们一定不会认为要求贵公司撤换与我公司工作人员有过冲突的经理的职务，才算是你们具有与我们达成协议的诚意一样。"面对对方公司经理的解释，这位兴师问罪的经理顿时哑口无言。

在这个案例中，对方公司的经理就很好地运用了类比敬告的沟通技巧。人员处理或调动完全是各自公司内部的事务，与有没有诚意达成协议无关。对方公司的经理就是抓住了这一相似点做类比，从而敬告这位经理所提要求的过分和无理，表达了对其蛮横态度的不满。

3. 柔性敲打

案例39　妻子下厨给丈夫做汤，丈夫却问：家里还有盐吗？

一位厨艺不精的妻子新学了一道汤，便给丈夫做了一份，让他品尝自己的手艺。丈夫喝了一口便停了下来，然后抬起头问妻子："家里还有盐吗？"

"当然有，"妻子回答道，"味道淡吗？我这就去给你再加些盐。"

"不用了，亲爱的，"丈夫说，"我就是想看看你是不是把家里所有的盐都放到汤里了。"

同样的意思，不同的表达方式有着完全不同的感觉。这个案例中的丈夫旁敲侧击，用幽默婉转的方式将"汤太咸"的意思表达了出来，妻子肯定会在尴尬和笑声中明白丈夫话语中的含义。

> **沟通技巧**
>
> 虽然旁敲侧击表达不满的语气也比较明显，但它毕竟不像直言相告那样能让对方立刻明白自己的意思。因此旁敲侧击的幽默方式要因人而异，根据对方的理解能力来制造深度不同的旁敲侧击，最好是既能让对方听懂，又不过于浅显，显得自己没水平。

五、大词小用：维护世界和平的任务就交给你了

汉语是一种词汇极为丰富的语言，词义与感情有褒有贬，色彩有庄有谐，范围有大有小，语意有轻有重，在使用这种语言时这些都应考虑到，避免因为疏忽而出错。例如，当我们用表示范围大、语意重的词语来描述一件小事情时，就会造成大词小用。不过在一些特殊的语境当中，大词小用可以产生一种意想不到的幽默效果。

案例40　警恶惩奸，维护世界和平的任务就交给你了

"唉，小弟，小弟，别走啊。哇，不得了，不得了啊！你有道灵光从天灵盖喷出来，你知道吗？年纪轻轻就有一身横练的筋骨，简直是百年一见的练武奇才啊！如果有一天让你打通任督二脉，那还不飞龙上天哪！正所谓我不入地狱，谁入地狱。警恶惩奸，维护世界和平这个任务就交给你了，好吗？这本《如来神掌秘籍》是无价之宝，我看与你有缘，收你10块钱，传授给你吧！"

电影《功夫》中老乞丐的这段台词已经成为经典，每每看到都会让人忍俊不禁。老乞丐将"维护世界和平的任务"交给一个吃冰棍的孩子，然后10块钱卖了一本定价2分钱的《如来神掌秘籍》，这些都是运用大词小用的方式营造出的幽默感。

案例41　婚前婚后差别巨大的丈夫

妻子对丈夫说："亲爱的，我发现你婚前、婚后差别好大，以前过节你都送

我礼物的，现在什么都不送了。"

丈夫叹了口气，说道："以前我经济独立，如今却成了你的殖民地，平日里收入上缴也就罢了，过个节你还要礼物，你不觉得自己很残忍吗？"

将"经济独立""殖民地""上缴"等词汇用在夫妻关系中，简直是"屈尊就卑"。正是这种极不协调的搭配让沉闷的沟通变得新奇有趣，也让夫妻关系变得更加融洽。这些词语一般运用在庄重、严肃的场合，可丈夫却拿来自嘲，用来解释自己婚后不送礼物的事情，让人在轻松一笑中感受到了他的率真和可爱之处。

案例42　当代作家冯骥才：请把孩子带到地球上来

一天，朋友带着妻子和孩子来到冯骥才家拜访，双方许久未见，相谈甚欢。正聊得开心，冯骥才突然发现朋友的孩子竟然穿着鞋子跳到了他的床上，将他雪白的床单踩得一塌糊涂，可朋友和他妻子并没有看见。冯骥才可不忍自己的床单被踩踊，连忙微笑着对朋友说："请把孩子带到地球上来吧！"

经冯骥才一提醒，朋友这才发现孩子闯了祸，连忙笑着说："好，我这就和他商量商量。"

孩子们的顽皮之举常常让大人们无计可施，既不好意思直接指责，又不能一味纵容。在发现孩子穿着鞋上床后，冯骥才没有直白地指责孩子，而是把"地板"换成了"地球"，用大词小用的幽默方式来表达自己的意思。这样双方会心一笑，问题自然迎刃而解，谁都不会觉得尴尬或难堪。

在沟通过程中，我们可以尝试把一些意义重大，常常用于正式场合或形容严重事件的词语用来描述一些身边的小事，这种词语错用的方法可以破坏语言与事物之间的协调性，进而利用两者之间的巨大差异营造出一种出乎意料的幽默效果。

> **沟通技巧**
>
> 除了大词小用，还可以通过小词大用、贬词褒用和褒词贬用等方式来幽默，这些都是利用词语与事物之间的错位来营造幽默效果。比如，"太阳都这么高了，你还在床上躺着，真是'勤快'呀！""我们要'喜新厌旧'，坚持创新精神，不守旧，与时俱进。"

六、断章取义：这样说话也有幽默，就看你怎么圆场

很多人读书喜欢断章取义，孤立地选取其中的一段或一句的意思来说明整体内容，以致产生理解错位。任何一句话都不是孤立存在的，都要依存于特殊的语境和双方的关系，这样才有比较明确的意思。断章取义、穿凿附会，只能让自己与真理愈行愈远。

虽然"断章取义"是一个贬义词，但如果我们能巧妙地运用，就可以让"断章取义"成为一种高超的幽默技巧。首先，我们要多读书、多学习，扩充自己的知识面，做到"有章可断"；其次，我们要擅长将自己的真实目的隐含于"断句"中，根据需要随时随地"恰当"断句，这样一来幽默的情趣自然就会产生了。

断章取义的关键在于断章是否断得巧妙，经过断章后所产生的含义与本义相差越远或越荒诞，幽默效果就越明显。

案例43　岳云鹏：我的志向是做一个"坏人"

在相声《我是有钱人》中有这样一段。
岳云鹏说："我原来的志向是做一个坏人。"
孙越回答："那你说说你为什么要当坏人。"
岳云鹏说："有一句俗话嘛，'男人有钱就变坏'，我想是坏人了肯定就有钱了。"

断章取义的幽默需要很强的理解反应能力，理解能力越强，制造的反差越大，荒谬感越强，幽默效果也就越明显。在实际运用中，我们要巧妙地把自己的真实目的隐藏于"断句"中，不能让对方猜到我们的意图和想法，否则便失去了反转的效果，幽默感自然也就不复存在了。

案例44　最刁钻的问题和最绝妙的回答：孔雀东南飞，西北有高楼

1935年，来自中国的留学生陆侃如正在巴黎大学进行博士论文的答辩。他学识渊博，一路应答如流，主考官们非常满意。

可能是看着陆侃如应答得过于流畅，有位主考官突然问了一个怪问题，想

故意"为难"一下陆侃如。他问:"在《孔雀东南飞》这首诗中,第一句为什么不说'孔雀西北飞'呢?"

陆侃如知道对方在故意"为难"自己,稍稍思考了一下,答道:"因为'西北有高楼'啊!"

主考官们听了先是一愣,随即相视而笑,都被陆侃如的幽默风趣所折服。

古诗文中的很多方位词不具有实际意义,不可望文生义,但若这样回答势必显得很呆板,所以陆侃如引用古诗十九首的名句来作答。从字面意思来看,"西北"恰好跟"东南"相对,因为西北的楼高,所以孔雀飞不过,只好掉头往东南飞了。

断章取义是我们在日常生活中经常可以运用的一种幽默技巧,只要断得巧、断得妙,就能使大家开怀一笑,为沉闷的生活涂上亮丽的色彩。

> **沟通技巧**
>
> 虽然断章取义是一种比较常用的幽默技巧,但我们不要将其用在歪曲事实扭曲别人真实意思的事情上,否则它就不是一种幽默方式,而是一种狡辩的手段了,这样一来不仅无法逗笑对方,还很可能会招致他人的厌恶。

七、假痴不癫:我傻我骄傲,我傻我自豪

在现实生活中,我们常常会遇到各种各样令人难堪的情况,如果我们惊慌失措,不知如何应对,就会被人视为笑柄;如果能轻松一笑,用幽默来化解困境,就能因祸得福,给别人留下幽默风趣的好印象。假痴不癫的方法可以使我们免于难堪,也能给自己和他人留下回旋的余地。

面对一些众所周知或简单易懂的问题,我们可以故作不懂,做出荒谬的解释或发挥,将话题引向另一个不易想到的怪异思路上,这就是假痴不癫的幽默方式。当我们把不可能的事情凑到一块,显出自己的"痴癫"时,自然会逗得人们开心不已。

案例45 舞会偶遇,普希金微笑回敬贵族小姐

俄国大作家普希金个子很矮,有一天他在彼得堡参加一个公爵的家庭舞会,并邀请一位小姐跳舞。这位小姐傲慢地对他说:"我不能和小孩子一起跳舞。"

普希金听后灵机一动,微笑着说:"对不起,亲爱的小姐,我不知道你正怀着孩子。"说完,他很有礼貌地鞠了一躬离开了。而那位漂亮的小姐却无言以对,

尴尬不已。

面对贵族小姐的侮辱性拒绝，普希金既没有发怒，也没有沮丧，而是"装傻充愣"，故意曲解她的意思，既给自己找了个台阶下，又巧妙地回击了对方。

案例 46　"非常了得"的枪手

约翰自称是个好猎手，经常向朋友们吹嘘自己的枪法。一天，朋友邀他一起去打猎。来到河边，朋友指着游动的野鸭子对他说："快举枪瞄准呀！"

约翰马上端起枪射击，可是没打中，野鸭子飞跑了。他很纳闷地对朋友说："先生，我这是第一次看到死鸭子还能飞哩！"

约翰借糊涂来掩饰自己没有射中鸭子，荒诞中不失诙谐，用一句话摆脱了自己的窘境。其实假痴不癫是一种特别需要智慧的幽默技巧，莎士比亚的《第十二夜》中有这样一句话："因为他很聪明，才能装出糊涂人来。彻底成为糊涂人，要有足够的智慧。"就像我们经常说的"大智若愚"，只有真正拥有智慧的人才懂得如何假装糊涂。

案例 47　借机发挥，巧妙追问，教育迟到的学生

语文课上，老师正在讲叶绍翁的《游园不值》，一个学生"砰"地破门而入，径直入座。

面对这种情况，老师未予理会，继续就诗句问其他学生："'小扣柴扉久不开'，诗人拜访朋友，为何用'小扣'，而不用'猛扣'呢？"

学生答道："因为诗人有教养，懂礼貌。"

然后老师轻声地问那位"无礼"的学生："你觉得大家说得对吗？"

假痴不癫不是装傻充愣、故意搞笑，而是寓教于乐，在笑中含有目的——让对方明白某种道理。诗中的"小扣"一词自然不仅仅是一种礼节观念，这位老师只是以此为契机，既巧妙地教育了迟到的学生，又活跃了课堂气氛。

假痴不癫可以让我们巧妙地应对各种复杂的场合，既能为自己解围，又能制造幽默。其实它的精髓在于对真假虚实的灵活运用：真话假说、假话真说，正话反说、反话正说，真真假假，正正反反，令话语妙不可言。

> **沟通技巧**
>
> 运用这种幽默方式时，我们一定要保持清醒的头脑，千万不要掉进自己布的迷魂阵里，自己把自己绕晕。同时也要注意反击的力度，不要让对方太没面子，真正的幽默不是讽刺别人，挑起纷争，而是为自己解围，令对方信服。

八、自相矛盾：今年过节不收礼，收礼只收脑白金

虽然"自相矛盾"形容说话做事前后抵触，不能自圆其说。但在与人交往的过程中，我们可以通过前后不一、自相矛盾的话语制造出一种巨大的反差，引起人们的震惊和欢笑。

自相矛盾的幽默话语中一般都暗含嘲讽之意，可以让人们在大笑中领悟一些道理。

- 言行不一
- 反差强烈
- 在不经意中产生矛盾

1. 言行不一

按照通常的逻辑来说，自相矛盾是一种错误的说话方式，但逻辑上的自相矛盾又是我们制造笑料的主要方法之一，幽默的趣味恰好是游离于逻辑之外的。因此，自相矛盾的幽默方式有着鲜明而强烈的幽默效果。

2. 反差强烈

我们可以在交谈中故意制造一种强烈的反差，让对方"大吃一惊"后又从荒谬的逻辑中感受到幽默。

案例48　前后不一：大口吃肉的素食主义者

朋友们一起吃饭，其中一个人说："你们知道世界上什么动物最残忍吗？当然就是人了，因为人什么都吃，比老虎、狮子更残忍，所以我点菜的时候只点素菜。"

等到其他人点的荤菜上来，他赶紧拿起筷子说道："太残忍了，太残忍了！既然都已经被做成菜了，那就让我来超度它们吧！"

前后言语的极度不一致制造了一出餐桌上的幽默，看似自相矛盾，实际上只是一种故意制造的语言花招而已。他先是否定吃肉的这种行为，又表达了肯定的意思。这种自相矛盾式的幽默，常常使大家在惊讶中突然大笑起来。

3. 在不经意中产生矛盾

在运用自相矛盾的幽默方式时，我们要努力营造一种不经意的效果，让矛盾自然而然地产生，使其更为有趣、逗人。这要求我们一定要沉心静气，使谈话平稳、自然地进行，这样才能使幽默达到最佳效果。

案例49 千万别把雨衣弄湿了

一位朋友起身要回家，而外面正在下雨，他对主人说："下雨了，请把雨衣借我用一用，好吗？"

主人一边把雨衣拿给他，一边说道："可以，不过你要留心点儿，千万别把我的雨衣弄湿了。"

明明下雨，把雨衣借给朋友，却又不让打湿，这不是自相矛盾吗？这种不经意的、戏剧性的幽默自然让人开怀一笑。

> **沟通技巧**
>
> 使用自相矛盾的方式制造幽默时，我们千万不要忘记显露真诚。自相矛盾是一种天真的错误，真诚和不加掩饰是其最主要的特点，而真诚的、不加掩饰的错误正是此种幽默的诱因。在表达两种矛盾的意思时，我们都要保持一种真诚的态度，这样才能让矛盾更加突出。

九、巧设悬念：真相只有一个……

巧设悬念，引人入胜，这不仅是悬疑故事的套路，更是幽默沟通的技巧。越是有悬念的事物，越能吸引人的好奇心；越是意想不到的结果，越能引人发笑。

"文似看山不喜平。"巧设悬念是让谈话变得新奇有趣的好方法。如果我们能将小说、电视剧和电影中常用的巧设悬念的手法运用到谈话中，就能增强语言的趣味性，让我们的话语波澜起伏，奇势迭出。

案例50 抽烟的三大"好处"

有一天，一位烟商正在大街上大谈抽烟的好处，突然一位老人走了过来。

老人大声说道："女士们，先生们！对于抽烟的好处，除了这位先生讲的以外，我想再补充三点。"

烟商一听就乐了，连忙说道："先生，谢谢您了，您相貌不凡定是位学识渊博的人，请您把抽烟的三大好处当众讲讲吧！"

老人也笑了笑，说道："第一，狗害怕抽烟的人，一见就逃；第二，小偷不敢去偷抽烟者的东西；第三，抽烟的人永远不老。"人们惊作一团，商人喜不自禁，要求老人详细解释一下。

老人接着说："第一，抽烟的人驼背的多，狗一见到他以为是在弯腰捡石头要打它，能不害怕嘛；第二，抽烟的人夜里爱咳嗽，小偷以为他没有睡着，所以不敢去偷；第三，抽烟的人很少长命，所以没有机会衰老。"现场的人们顿时哄堂大笑。

这位老人巧设悬念，先是营造出一种让人迷惑不解的气氛，在吊足其胃口后，才不慌不忙地表达出自己的真实意思。当老人大谈抽烟的"好处"时，商人和围观的人们自然急切地想知道原因。最后，老人进行了妙趣横生的解释，既让人们哈哈一笑，又让人们意识到抽烟的危害性。

案例51 旧词新解：做人做事就要"眼高手低"

在公司的年会上，李涛因为业绩突出而被评为优秀员工，领导让他上台谈谈自己的成功经验。李涛拿起话筒说道："其实我和大家都一样，也没有什么秘诀，我能够成功主要是有一个毛病。"

大家都面面相觑，满脸疑惑，不知道他的葫芦里卖的是什么药。他继续说道："我一直以来奉行'眼高手低'这个理念。"

"什么？'眼高手低'？"大家不解地问。

"对，就是'眼高手低'，'眼高'就是眼光要高，要着眼长远，关注大局；'手低'就是要从小事做起，从低处出发，脚踏实地地做好每一个细节，为自己的发展打下坚实的基础。"

话音刚落，台下就响起了热烈的掌声。李涛的一番话不仅让同事们明白了他成功的真谛，也被他的口才深深折服。

那些老生常谈的成功经验根本无法引起大家的兴趣，而李涛的一番话可谓是新奇好玩、妙趣横生。"眼高手低"一般用来指要求的标准很高（不切实际），但实际上自己也做不到，好高骛远，不切实际。但在这个案例中，李涛巧设悬念，将自己的成功秘诀归结于"眼高手低"，吸引了大家的注意力，接着他从另一个角度详细阐释了他所谓的"眼高手低"的内涵，不仅新奇有趣，还富有哲理，令人回味无穷。

案例52　卖个"关子"再解释，逗笑尴尬的妻子

有一次，妻子做饭时一不小心把饭烧煳了，吃饭时丈夫嘴边都黑乎乎的，为此妻子十分愧疚。丈夫发现了妻子的尴尬，便笑着说道："看来知我者夫人也，你这饭做得好极了！"

妻子听了很是不解，忙问缘由，丈夫解释道："我听人说这黑饭可以治病，是一种难得的补药呢，你看我这身体，早就该补补了。"

妻子一听，"扑哧"一声笑了。

妻子因为一时疏忽将饭烧煳了，聪明的丈夫为了消除妻子的尴尬，巧设悬疑，把一个不愉快的话题变成了笑谈。他先是对妻子做的"黑饭"夸赞一番，设下悬念，然后用"补药"来解释，不仅化解了妻子的尴尬，还让她转忧为喜。如果我们能在自己的话语中埋一个"彩蛋"，就可以使其鲜活、幽默，充满新意。

> **沟通技巧**
>
> 使用巧设悬念幽默法时必须注意两点：一是切忌故弄玄虚，让人感觉不着边际，否则不但不能产生幽默感，反而会让人觉得无聊甚至反感；二是要做好充分的铺垫，不要急于求成，解释的过程中我们要留给对方思考时间，让他们领略话语中的奥妙。

十、搞笑模仿：下自己的蛋，让别人说去吧

模仿是一种简单、直接，容易产生喜剧效果的幽默方式。我们可以将现成的语言材料加以改编，创造出新的词语或句子来，使语言生动活泼，幽默风趣。一般来说，可以采用大家比较熟知的语言材料加以改变，如成语、谚语、名言、警句、流行语、广告词和流行歌词等。

宋丹丹："那啥儿不是有个罪名叫——"

崔永元："挖社会主义墙脚！"

宋丹丹："是，给我定的罪名就叫'薅社会主义羊毛'。"

在这里，宋丹丹化用了改革开放前常用的一句话，以此来创造幽默感。

宋丹丹："人家倪萍都出本书叫《日子》，我这本书就叫《月子》！"

赵本山："真能吹牛啊，你要写《月子》，我也写本书，《伺候月子》，吹呗！"

宋丹丹利用语素"子"，就"日子"仿出"月子"一词，以此来制造笑点。

宋丹丹："……今天的你我怎样重复昨天的故事，我这张旧船票能否登上你

的破船。"

这句话借用了毛宁演唱的《涛声依旧》,并进行了加工整理。

宋丹丹:"下自己的蛋,让别人说去吧!"

这里化用了"文艺复兴三杰"之一——但丁的名言:"走自己的路,让别人说去吧。"

通过对观众熟知的句子或词语进行加工模仿,既能让人们产生似曾相识的感觉,又能创造一种新奇感,使人忍俊不禁。

案例 53　智对名人名言,幽默模仿逗笑全场

阿曼达是一位严格的女教师,动不动就批评学生,搞得学生们怨声载道。一次她在课堂上提问:"'不自由,毋宁死'这句话是谁说的?"

"1775年,帕特里克·亨利说的。"一位新来的日本学生用不熟练的英语答道。

"对。同学们,刚才回答问题的是日本学生。你们这些生长在美国的人回答不出来,而来自遥远的日本的学生却能回答,多么可笑啊!"阿曼达借机讽刺了一下其他同学。

"把日本人干掉!"教室里传来一声怪叫。

阿曼达被这句话气得满脸通红,怒吼道:"谁?这是谁说的?"

"1945年,杜鲁门总统说的。"

这位同学话音一落,全场一片哄笑,就连那位日本学生也忍俊不禁,哈哈大笑起来。

模仿虽然看起来很简单,但需要我们有充足的知识储备,这样才能找到最合适的模仿对象。就像这个案例一样,如果不是对历史上的名人名言十分了解,怎么可能说得出这么有趣的话语来呢?

案例 54　安徒生:你帽子下面的那个东西是脑袋吗?

丹麦著名童话作家安徒生一生简朴,衣服旧了也不嫌弃,常常戴着一顶破帽子在街上溜达。一天,他在街上遇到一个很无礼的家伙,那个人指着安徒生的帽子嘲笑道:"你脑袋上的那个东西是个什么玩意儿?是帽子吗?"

受到如此侮辱的安徒生并没有生气,而是不紧不慢地回敬道:"你帽子下的那个东西是什么玩意儿?是脑袋吗?"

安徒生将对方的句式加以套用,稍加改动后就制造出寓意深刻的幽默,借机讽刺了对方的无脑和无理。这种模仿方式不需要我们有太多的知识储备,只要将对方

的句子加以改编即可。

"三人行，必有我师焉"，模仿是最好的学习方式，尤其是模仿一些幽默大师、公共人物的幽默语言或动作，这样可以快速提高我们的幽默能力。除此之外，某些不协调、不合理、不得体的举止也可以成为我们的模仿对象。

当然，模仿不是复制，如果我们总是生搬硬套，没有自己的见解在其中，就会始终停留在初级阶段，刚开始会吸引人，但时间长了就会令人感觉乏味与无聊。而且我们也不要将自己的精力都集中一个人身上，模仿不是追星，被模仿对象只是我们的幽默素材和参考对象，如果我们被困于某一个人或某一种形式之中，那就成为模仿对象的傀儡了。

> **沟通技巧**
>
> 模仿是一种很简单的幽默方式，不过要想模仿得出彩，就需要认真把握。如果我们善于动作模仿，那就利用直观感创造喜剧效果；如果我们机智灵敏，那就巧借机智反应、模仿对方创造幽默；如果我们知识广博，那就可以通过化用名言的方式来逗笑大家。

十一、巧妙对比：在平凡中发现不平凡

对比可以充分显示事物的特征和矛盾，增强语言的效果和感染力。它可以把人们置于几种不同的环境和氛围中，突显出某种令人惊讶的对比，让人们觉得有趣、可笑，意味深长。对比幽默法并不是一种简单的搞笑，它能揭示出生活中一些现象和哲理，使人们透过事物的表面特征洞悉其本质，去发现平凡中的不平凡。

1. 正反对比

对比不仅能使我们在平淡中发现特异，在正常中发现荒诞，更能为我们带来欢声笑语。正反对比就是对比完全相反的两种事物，在两者的矛盾和冲突中营造出幽默气氛。

案例 55 爱因斯坦：反正这里的人都已认识我了

爱因斯坦在未成名时衣着十分寒碜。一次，有一个熟人在街上见到他，便问："你怎么穿得这样破旧？"

爱因斯坦回答说："反正这里也没有人认识我。"

过了几年，爱因斯坦一举成名，那个熟人再次在街上见到他，惊讶地问："你怎么还穿得这样破旧？"

爱因斯坦笑着回答："反正这里的人都已认识我了。"

同一个人问的同一个问题，两个相反的回答都显得有理有据，这就是对比幽默法中的正反对比。在这个对比中，爱因斯坦的潇洒风度与幽默感尽显无遗，令人一笑之余印象深刻。

2. 相关对比

相关对比是指将两个近似的对象加以比较，从而发现其中的趣味性、荒谬性与哲理性。相关对比中的两者必须有共同之处，这样才能构成相关对比。

案例56　没有韩红的命，却得了韩红的"病"

一个女孩越来越胖，却一直不节制饮食，不管父母怎么规劝，她依然是我行我素。

这天，女孩的父亲说："闺女，你没有韩红的命，却得了韩红的'病'呀！"

这个案例中的父亲用韩红的身材规劝女儿，幽默中不失哲理。这种相关对比使父亲的规劝得以"升级"，引人发笑，印象深刻。

3. 巧换词序

语言的次序遵从于一定的习惯，如果改变其排列顺序，就会与原意相去甚远。但是，如果我们巧妙排列，可能制造出一种新奇有趣、意味深远的幽默，让人眼前一亮，惊叹不已。

案例57　何不倒过来试试？

有个年轻的画家找到大画家门采尔，抱怨道："为什么我花了一整天画的一幅画，卖了一年也卖不出去呢？"

门采尔劝道："你倒过来试试看，如果你花一年的功夫画一幅画，那么不到一天就能卖出去的。"

在日常说话中，注意运用巧换词序这一技巧，可以使我们的言语充满幽默感。

> **沟通技巧**
>
> 无论采用哪种对比方法，都要选择两种有一定关联的事物，否则就不是对比幽默，而是胡说八道了。只有两种通过某种中介可以关联在一起的事件才可以拿来对比。同时，也要强调对比点，突出某种特征，对比越鲜明，幽默的意味就越浓厚。

十二、以正导反：信不信我能徒手开酒瓶？不信还不拿起子

以正导反是指用正面的前提做反面的解释，得出令对方意想不到的结论，令其手足无措，被我们的幽默和机智所击败。在双方的对话中，以正导反式幽默常常能制造出出乎意料的幽默，令人摸不清套路，可谓防不胜防。

在正常的逻辑顺序中，原因在前，结果在后，正面的原因造就正面的结果，反面的原因带来反面的结果。但这里正好相反，反面的原因可能造就正面的结果，而正面的原因说不定会给出一个反面的结果。这种以正导反法可以制造出对方预期的失落和发现的惊异，由此带来新奇感和幽默感。

案例 58　信不信我能徒手起瓶盖？

一天晚上，一群朋友出去吃烧烤，一个朋友拿着啤酒对服务员说："你信不信我能徒手起瓶盖？"

服务员摇头说不信。

朋友一拍桌子："那你还不拿起子去！"

使用以正导反幽默法时，我们要充分发挥自己的思维能力，保证别出心裁，发人之所未发，想人之所未想。构思这种类型的幽默时，切忌泥古守旧，而要充分打开自己想象力的翅膀，任其自由翱翔。

案例 59　正话反说，孟非给咖啡店老板支妙着

一次，主持人孟非跟朋友一起喝咖啡。当咖啡端上来时，咖啡店老板认出了孟非，非常高兴，于是他客气地请孟非对他的咖啡店提几点意见。

孟非看了看桌上只有半杯量的咖啡，微笑着对老板说："我有一个办法，可以让你立刻多卖出两杯咖啡。"

听到孟非支着儿，老板赶忙追问："什么办法？"

孟非说："你只要把杯子倒满即可。"听到这句话，老板尴尬地笑了。

以正因求反果，孟非幽默地表达了自己对咖啡量太小的意见，也没让老板感到难堪，反而活跃了现场的气氛。

因此，无论是提意见还是表达自己的不满，以正导反幽默法都可以帮我们诙谐地表达。它不仅能使我们的话语含蓄风趣，令人捧腹大笑，还能使对方顺利地接受我们的意见，避免发生冲突。

忠言多逆耳，良药总苦口。不是每个人都有虚心接受他人指责的雅量，这种经常令人感到不满的"良药"与"忠言"自然很难达到说话者的目的。以正导反幽默法恰好解决了这个问题，它能化腐朽为神奇，使"良药"不再苦口，"忠言"也可悦耳。

案例 60　这个世界再也不会有战争

某新兵每天早上操练都迟到。

军官生气地问他："你是怎么搞的？老是迟到！"

"报告长官，我总是睡过了头……"

"什么？"军官大发雷霆："如果每一个当兵的都睡过了头，这世界会变成什么样子？"

"我想，"新兵慢条斯理地回答道："这个世界再也不会有战争了。"

受到指责或批评时，顺着对方的意思，然后以正导反，得出令其意想不到又忍俊不禁的结论，这样就可以借助轻松、愉快的氛围消除紧张气氛，使对方在哈哈一笑中减轻对我们的敌意。

案例 61　老师先夸后贬，调教调皮学生

教室里，一个调皮的学生手拿一叠漫画，洋洋自得地大声炫耀道："这是我上课偷偷给老师画的漫画！"

这时老师正好走进教室，见此情形她并没有发火，而是温和地说道："能借给我几张吗？我女儿最近也喜欢画漫画，我想给她借鉴借鉴。"听到老师竟然对自己的画感兴趣，学生不免更加得意了。

老师突然又说道："看了你的漫画，再看看你的成绩，我想她或许以后上课就不会再偷偷画漫画了。"

老师先从正面加以肯定和称赞，然后在学生洋洋得意的时候突然从反面加以解释，让其在措手不及中接受自己的教育和批评。

> **沟通技巧**
>
> 以正导反幽默法的关键在于一个"新"字,要让自己的思维突破限制,越出人意料就越幽默。同时"新"又要保证正反之间的连贯性,出人意料的结果必须脱胎于正常逻辑的原因上,将看似毫无关系的两句话连在一起,幽默感自然就会产生。

十三、寓庄于谐:既有趣可笑又意味深长

"好的喜剧,骨子里都是悲剧。"其实这里的悲剧并不是指悲惨的结局,而是诙谐幽默中暗含的人生哲理。用诙谐幽默的语言来说明事理,使人开怀大笑后陷入沉思,这就是我们常说的寓庄于谐。

寓庄于谐是指以幽默风趣的语言和诙谐揶揄的形式来表现严肃、庄重、深刻、丰富的思想内容的幽默方法。它的特点是:语言形式虽然幽默诙谐,但思想内容庄重、深刻。这种冷嘲热讽、嬉笑怒骂的语言,可以使我们的话语充满幽默感和喜剧性,使对方在轻松、愉快的笑声中思考与领悟,获得愉悦的感受与思想的熏陶。

寓庄于谐的方法有很多,如对比、双关、比喻等修辞手法,颠倒逻辑的叙述方法等,甚至可以故意用似是而非的非理性形式来表达出一种深思熟虑的理性内容。

案例 62　来个八抬大轿多好

某领导到下属单位考察,他曾经公开表示过自己考察时不要迎来送往,但等到了这个单位时发现门口张灯结彩,站着一大群人在迎接他。

这位领导面带笑容地说道:"哦,这么多人都是迎接我的?轿子呢?怎么不用轿子把我抬进去?下回来个八抬大轿,又体面,又威风,再加几个人鸣锣开道,派几个人摇旗呐喊,你们说好不好?!"

这位领导以这种幽默的方式批评了下属单位没有遵守规定。这种寓庄于谐的幽默没有"官腔",让被批评的人更容易接受一些。

案例 63　只要闭嘴就没事了

一对夫妇在河边钓鱼,妻子总唠叨个不停,一会儿鱼上钩了。

妻子说:"这鱼真可怜。"

丈夫说:"是啊,只要闭嘴不就没事了吗?"

在这个案例中,丈夫并没有直接指责夫人的唠叨,而是拿这条"可怜的鱼"说事,让妻子意识到了自己唠叨的毛病。

案例64 萧伯纳巧词教育不可一世的青年

一天,萧伯纳应邀参加了一个聚会。席间,一个青年在这位大文豪面前滔滔不绝地吹嘘自己的天才,好像自己天南海北样样通晓,大有不可一世的气概。

刚开始萧伯纳缄口不语,不愿多言,后来越听越觉得不对味,最后他终于忍不住了,开口说道:"年轻的朋友,只要我们两人联合起来,世界上的事情就无一不通、无一不晓了。"

那个人惊愕地说道:"未必如此吧?"

萧伯纳回应道:"怎么未必,你精通世间万物,不过尚有一点欠缺,那就是不知夸夸其谈会使丰盛的佳肴也变得淡而无味,而我刚好明白这一点,咱俩合起来,岂不是无一不知了吗?"

对于只知道夸夸其谈的青年,萧伯纳并没有在众人面前直接指责他,而是寓庄于谐,幽默讽刺,让其意识到自己的错误。以轻松幽默的方式,诙谐有趣的语言表达庄重、严肃的道理,使对方在轻松、愉快的氛围中接受自己的观点,这就是寓庄于谐的独到之处。

> **沟通技巧**
>
> 运用寓庄于谐幽默法要注意三点:一是让对方在诙谐幽默的氛围中感受到事物的内在含义和说话者的鲜明态度;二是在诙谐幽默中表现出深刻的思想内容;三是诙谐适度,不要将尖酸刻薄的讽刺当成幽默,以免激怒对方。

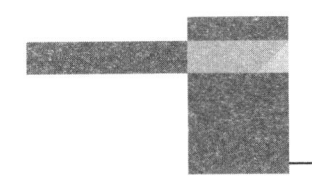

第四章

幽默讲修辞,让自己成为别人眼里那个有趣的人

修辞手法就是运用特定的表达形式提高语言表达作用的方式或方法。在日常沟通中,幽默的表达主要依靠语言的修辞技巧,由语言的不协调构成喜剧性矛盾冲突,使听众因意外而产生联想,忍俊不禁。在不同的情况下使用不同的修辞手法,能够产生不同凡响的效果,增添快乐的因子,话语也充满无限的意蕴。

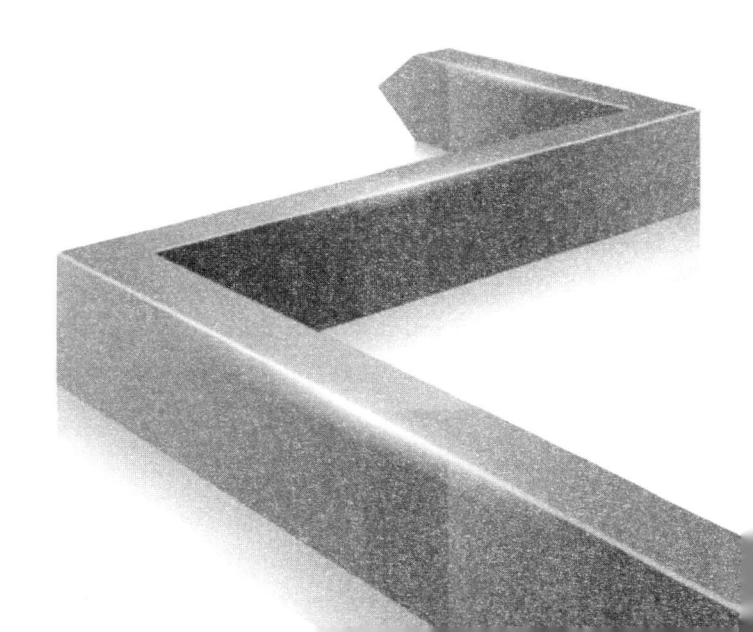

一、比喻：巧比妙喻出幽默

比喻是一种非常重要的幽默修辞方法，它可以抓住不同事物的相似点，用作比的事物描绘所要表现的对象，使语言更加形象、生动。那些出人意料、令人惊奇的比喻就是制造幽默的最佳因素。

构成比喻的两种成分别是对象（本体）和用来作比的事物（喻体），这两者是不可或缺的要素。同时，本体和喻体之间应该有质的差异，这样才能构成对比。另外，本体和喻体之间必须存在某种相似之处，这样比喻才会形象、生动。不过，要想将比喻打造成一种幽默的手段，还必须添加一些特殊的"调料"。

1. 神似胜于形似

一般来说比喻有两种形式，一种是形似，一种是神似。形似表示外部形态逼真；神似是抓住事物的鲜明特征，表现其内在的本质。相比较而言，神似比形似更难运用，但也更深刻，更生动，也更有趣味。

案例 65　钱钟书拒客：何必认识那下蛋的母鸡呢？

钱钟书先生的《围城》有十多种不同译文版本风靡海外，广受读者的喜爱。一次，一位英国女士在电话中求见钱钟书，钱钟书回答道："假如你吃了鸡蛋觉得不错，何必认识那下蛋的母鸡呢？"

后来，这位女士靠《文艺报》编辑吴泰昌的引荐终于见到了钱先生。钱钟书哈哈大笑，说道："泰昌，你没有能引蛇出洞，却又来瓮中捉鳖。"

在钱先生的比喻中，本体和喻体之间毫无形似之处，却显得新颖别致、贴切幽默，令人忍俊不禁。这种神似的比喻修辞，只有经过长期的精心积累和语言锤炼才有可能信手拈来。

2. 保持距离

本体和喻体之间必须保持距离感，这种距离包括空间、感情和文体上的距离。距离越远，越能引起倾听者的审美情感和好奇心理，也越能出人意料，使人感到惊奇。

比喻既要"出乎意料"，又要在"情理之中"。心理与情感上的落差必然会引起生理上的变化，使人因惊奇和巧妙而发笑，"距离"落差越大，发笑的程度自然也就越大。

正如马克·吐温在《哈克贝里·芬历险记》里写的:"像他这样的人,我从来没见过;他的脸跟一条火腿一样,一点儿笑容都不带。"火腿和人脸自然相去甚远,这种与众不同的比喻出人意料;用火腿来形容表情,火腿怎么可能会有表情呢?这就不仅仅是比喻,更是一种夸张,读者读到此处,会从火腿联想出面无表情的人脸来。

3. 倒比

一般的比喻是用比较具体、熟悉的事物作为喻体,解释比较抽象、陌生的本体。如果我们将其倒转,将一个具体的事物比作一个抽象的概念,这样就会别具谐谑、滑稽可笑,从而产生幽默效果。

案例66　你这个牙神经死得默默无闻

有一患者去看牙,医生检查后说:"你这个牙神经死了,需要治疗。"

患者:"这个牙没疼过,神经怎么会死了呢?"

医生想了想,说道:"牙神经有很多种死法,有些会死得轰轰烈烈,有些就死得默默无闻。你这个牙神经就死得默默无闻。"

自然得体、不露痕迹的比喻才能带来更强的幽默感,给人以天衣无缝的感觉才能令人发笑。就像这个案例中的医生,用抽象的"轰轰烈烈""默默无闻"来形容患者的病情,不仅不显得突兀,反而别有一番趣味。

> **沟通技巧**
>
> 比喻修辞既可以单一使用也可以综合使用,与其他修辞手段一起使用能大大增强语言的幽默感。比如,"你们如此叽叽喳喳,一个人的音量相当于五百只鸭子的分贝。"这句话就同时运用了比喻和夸张两种修辞。

二、夸张:捡到芝麻当西瓜,越夸张越幽默

夸张可以使语言像如意金箍棒一样可大可小,充满幽默感。无论是相声、小品,还是民间笑话、文学创作,都离不开夸张这种修辞手法。

夸张就是将生活中的一些合理的部分极力夸大，大肆渲染，使其与原有的事物产生极大的差别，从而在极不合理处产生幽默。适当夸张可以使语言描述更加形象和突出，给人带来更为强烈的感觉，以此吸引别人的注意力。

我们可以在尊重客观事实的基础上故意夸张，放大或缩小一些事物的某种特性，从而形成一种强烈的对比效果。比如，某导游在尼亚加拉瀑布前对一群旅游者说："如果在场的女士们能稍稍安静一会儿，大家将可以听到尼亚加拉瀑布的水声。"

案例 67　语不惊人死不休，苏东坡兄妹互嘲

冯梦龙的《三言两拍》中有一个短篇故事，记载了大文豪苏东坡和其胞妹苏小妹的幽默对话。

苏小妹受家庭影响，从小就能识字作诗。苏东坡是个大长脸，苏小妹抓住他这一特点，极力夸张大胆想象，戏弄苏东坡说："去年一点相思泪，至今流不到腮边。"

苏东坡自然不甘被挤兑，他眉头一皱，词上心来，迎"头"痛击。苏小妹虽然聪明，但相貌不佳，额头较高，每每也是怕人看见。苏东坡回敬道："未出庭前三五步，额头先到画堂前。"

这兄妹二人的才气自然了得，其中的幽默感更是令人惊叹不已。在这个案例中，他们都用了夸张渲染的手法。苏小妹讽刺苏东坡脸长却没有明指，而说去年的相思泪现在还没流到腮边，可见脸长到什么程度。苏东坡回击苏小妹人刚走出三五步，额头早已伸到堂前，也是突出了其额头高的特点。他们将对方的特点用极具幽默感的诗句表达出来，才有了这样有趣的故事。

案例 68　人家唱歌要钱，他唱歌要命

宋丹丹："你说就他吧，就好给人出去唱歌，你说就这嗓子能唱吗？那天呢，就上俺们那儿敬老院给人唱歌，总共底下坐着7个老头，他'嗷'地一嗓子喊出来，昏过去6个。"

崔永元："那不还有一个吗？"

宋丹丹："还有一个是院长，拉着我的手就不松开，那家伙可劲儿地摇啊，

第四章
幽默讲修辞，让自己成为别人眼里那个有趣的人

'大姐啊，大哥这一嗓子太突然了，受不了哇，快让大哥回家吧，人家唱歌要钱，他唱歌要命啊！'"

一嗓子吓昏6个老头，赵本山的嗓子也太厉害了，简直是歌声中的"大规模杀伤性武器"。院长的话更让人忍俊不禁，而"唱歌要命"这句话也成为一句经典台词，其实宋丹丹就是运用了夸张式幽默来讽刺赵本山唱歌难听。

如果语言中失去了夸张，只是平面镜似的描述事实，那这个世界该多么无趣？如果失去了夸张的助推，那么幽默的包袱永远打不开。像"人家唱歌要钱，他唱歌要命"这种经典幽默句子也就无处可寻了。

具体来说，夸张主要分为扩大、缩小、颠倒时间顺序和表情姿态夸张四种。

扩大夸张　　表情姿态夸张

颠倒时间顺序

缩小夸张

1. 扩大夸张

为了达到幽默的效果，我们可以人为地拔高某些事物的特点，使之更大、更强、更多、更快，达到一种"语不惊人死不休"的效果。这种扩大夸张是最常用的一种夸张手法，如"他可是八亩田里一棵蒜——家里的独苗啊！"

2. 缩小夸张

与扩大夸张相反，我们还可以故意把一些事物往小处说，使之更小、更弱、更少、更慢，起到细处摄神的作用，如"你是一根头发剖八瓣——细得厉害呀！"

3. 颠倒时间顺序

故意颠倒事情的发展顺序，把后出现的事件说成先出现的，或者把先出现的事件说成后出现的。这样虽然不符合逻辑，但也是一种夸张手段，可以使内容得到强调，如"你做的饭真香啊，我还没进门就闻到味道了。"

4. 表情姿态夸张

人的面部可以塑造出无数精巧微妙的表情，既可以传达情感和信息，又可以为自己的语言增添色彩。我们尚未开口之前，面部表情已经将我们要表达的信息透露出一部分。因此，使用夸张这种修辞手法时，我们可以配上夸张的面部表情，为自己的语言增添魅力。另外，一些幽默大师的夸张姿态，如卓别林、憨豆先生、周星驰等的经典动作，都是我们可以学习的对象。

> **沟通技巧**
>
> 简单来说，夸张就是一种"言过其实"。不过有真实基础的夸张才能突出事物的特殊性，激发听众的想象，达到幽默效果。如果是完全不着边际的夸张，就成了胡言乱语，怎么还能产生幽默的效果呢？

三、反问：逗号改问号，让我们的语言更幽默

当我们听了别人的话，一时无从辩驳的时候，不妨打出一个问号，用一个深寓着幽默的问句来应对。反问不是反击、反驳，更不是反唇相讥，而是一句表面上随随便便、马马虎虎，实际上却发人深省、令人发笑的幽默之语。

案例69 父子斗智，爸爸和儿子谁知道得多

一个小孩问他爸爸："爸爸总是比儿子知道得多吗？"

"是的。"爸爸肯定地说道。

"是谁发明的蒸汽机？"小孩接着问道。

"詹姆斯·瓦特。"

"那么，为什么瓦特的爸爸没有发明蒸汽机呢？"

……

爸爸自然不会就这样被儿子嘲笑，他顿了顿问道："那你觉得儿子总是比爸爸知道得多吗？"

"那当然！"小孩得意扬扬地说道。

父亲反问道："那为什么瓦特的儿子没有发明出什么东西呢？"

每一次言语之间的交锋都离不开智慧和幽默的对比，哪怕是父子之间的幽默也不例外。父亲面对儿子的反问哑口无言，但他没有正面回应，而是像儿子一样继续把瓦特拉了出来，用反问来反戈一击，不可谓不高明。

案例70 政客临时演讲不知所措，听众幽默反问笑动全场

某政客在一次聚会上上台演讲，由于是临时上台，没有准备稿子，在讲台上站了好半天也没讲出个所以然来。于是，他急中生智，谦虚地说："朋友们，你们知道我是个不会讲话的人，我很想借此机会向大家学习，可实在想不出来

该讲什么好。"

这时台下有人大叫："你既然没想到要讲什么，难道没想到从台上走下来吗？"

自以为机智的政客想靠假装谦虚蒙混过去，掩饰自己的无知，但没想到台下的听众比他聪明多了，一个反问就揭开了他的真面目，让他尴尬不已。这个反问的巧妙之处在于，发问者巧妙地借用政客的"想不出来该讲什么"来发起反问，让自己的讽刺不仅不突兀，反而十分自然。

案例 71　莫言被问"您幸福吗？"幽默反问：你是央视的吗？

2012 年，莫言赴瑞典名校斯德哥尔摩大学与研究者、译者和读者们就自己的作品进行交流。在活动的最后，一位男生站起来提问："我的问题是，莫言老师您幸福吗？幸福的源泉是什么？我们该采取怎样的方式来获取幸福呢？"

莫言被这个问题逗乐了，他反问道："你是中央电视台的吗？"他的这句话逗得全场哄堂大笑，随后他说："我起码今天很幸福，因为有这么多的读者来听我讲话。我看到这么多年轻的脸上神秘的笑容，因此我幸福。"

央视的幸福调查因各种神回复而火爆全国，当莫言也被问起这个问题时，他反问道："你是中央电视台的吗？"这个反问让大家一听就能明白，其调侃幽默的意味十分浓厚。

反问幽默法常常用在应对他人的提问、质疑与指责等场合中，是我们摆脱尴尬和反击对方的重要手法之一。如果运用得当，将会减少很多尴尬，让自己在沟通中更加自如。

> **沟通技巧**
>
> 反问幽默法是一种后发制人的幽默方式，因此机智、灵活的反应就显得极为重要。不管对方提出什么样的质疑，要能在最短的时间内予以回答，哪怕自己的回答有所欠缺也要及时回答。因为一旦错过机会，反问就没有了任何意义。

四、联想：脑洞大开，为幽默插上想象的翅膀

幽默可以改善关系、消除紧张、缓解压力，使我们在社交场合中进退自如。每个人都希望自己贴上幽默的标签，然而幽默不是天生就有的，更不会凭空出现，需要我们寻找并学习，而联想就是发现幽默的一种重要的思维模式。

联想是指由于某人或某种事物而想起其他相关的人或事物，由某一概念而引起其他相关的概念。在社交活动中，如果我们能根据现有的事物联想起其他十分具有幽默感的事物，就会大大提高自己的吸引力。

作为一种心理学家较早研究的心理现象，联想一般有四种规律，即接近联想、类似联想、对比联想和因果联想。下面就分别从这四种规律中寻找幽默。

1. 类似联想

类似联想是指由某一事物或现象想到与它相似的其他事物或现象，进而产生某种新设想。

案例 72　拒绝涨工资的理由

员工："经理。"

经理："怎么了？"

员工："我老婆让我来要求您给我涨工资。"

经理："好吧，我今晚回家请示一下我老婆是否同意给你涨工资。"

在这个案例中，经理"以其人之道还治其人"，运用类似联想的方法制造幽默，巧妙地否决了员工要求涨工资的提议，同时又不会显得太过生硬，令人反感。

2. 接近联想

接近联想是根据空间或时间上的彼此接近进行联想，进而产生某种新设想的思维方式。

3. 对比联想

对比联想是指对性质或特点相反的事物的联想。例如，由阳光想到阴雨，由太阳想到月亮等。对比联想反映出事物间共性和个性的和谐统一，事物在某种共同特性中却又显示出较大的差异，从而形成强烈的对比。

案例 73　萧伯纳借对比联想婉拒女演员求爱

英国有位美貌风流的女演员曾写信向萧伯纳求婚，信中这样写道："咱们的后代有你的聪慧和我的外貌，那一定是十全十美的了。"

萧伯纳在回信中写道："你的想象是很美妙的，不过假如生下的孩子外貌像我，而智慧又像你，那又该怎么办呢？"

4. 因果联想

因果联想指对逻辑上有因果关系的事物产生的联想。要想利用这种因果关系，就必须先弄清因果之间本质的内在联系，否则就会失去其"因果"性而不易引起联想。只有当我们对前因后果理解得透彻了，运用得纯熟了，才可以自如地进行因果联想。

> **沟通技巧**
>
> 联想与想象不同：联想是指在一个事物的基础上想到另外一个真实存在具有相同特点的事物，而想象是指在一个事物的基础上想到另外一个不存在的、构出来的事物。因此，善于联想者必有丰富的知识储备，这样才能找到合适的联想对象。

五、双关：不仅显示"幽默"，还要展示"智慧"

花开并蒂，树生连理，语言也有着双关的含义。巧用带有双关意义的词语，可以使语言更加含蓄、幽默，以深层含义来吸引对方。

含有多种语意的词语可以在话语中建立两种不同的层次，一种是表面意思，一种是说话者的深层含义，如"道是无晴却有晴"中的"晴"又可理解为"情"。巧妙地使用双关，话语变得更加深沉，耐人寻味。

简单来说，双关就是人们在一定的语言环境中，利用词的多义或同音的条件，有意使话语具有双重意义，言在此而意在彼。人们可以运用双关修辞方式来表达一些不适合直接阐释的事情，从而建立话语的层次感和幽默感。

双关之所以能与幽默融为一体，是因为语义的双重性形成了一种"重影"感。具体来说，双关语实际上是由两种"貌合神离"的语义组成的，前一种语义与后一种语义之间存在距离，可两者又在形式上统一。这种形式上的"一体性"与语义的不相干性就造成了一种谐谑的效果。

双关语一般都具有不同程度的幽默感，而两种语义之间"貌合"与"神离"的反差程度则在很大程度上决定了双关语的幽默程度，越貌合神离，幽默感就越强。

双关有两种常用用法，分别是"意义双关"和"谐音双关"。前者借助于词、句的多义性，后者则借助于字词的同音、近音性。

```
           意义双关  ←→  谐音双关
```

1. 意义双关

利用词的同义，有意使语句具有双重意义，叫作意义双关。

案例74　笑谈"碰壁"——《我的伯父鲁迅先生》

鲁迅的侄女周晔曾经写过一篇纪念鲁迅先生的文章——《我的伯父鲁迅先生》，这篇文章中提到了这样一个故事：

有一次，在伯父家里，大伙儿围着一张桌子吃晚饭。我望望爸爸的鼻子，又望望伯父的鼻子，对他说："大伯，您跟爸爸哪儿都像，就是有一点不像。"

"哪一点不像呢？"伯父转过头来，微笑着问我。他嚼着东西，嘴唇上的胡子跟着一动一动的。

"爸爸的鼻子又高又直，您的呢，又扁又平。"我望了他们半天才说。

"你不知道，"伯父摸了摸自己的鼻子，笑着说，"我小的时候，鼻子跟你爸爸的一样，也是又高又直的。"

"那怎么——"

"可是到了后来，碰了几次壁，把鼻子碰扁了。"

"碰壁？"我说，"您怎么会碰壁呢？是不是您走路不小心？"

"你想，四周围黑洞洞的，还不容易碰壁吗？"

"哦！"我恍然大悟，"墙壁当然比鼻子硬得多了，怪不得您把鼻子碰扁了。"

在座的人都哈哈大笑起来。

"碰壁"的字面意思是"碰到墙壁"，但深层含义则是"遭遇挫折"；"周围黑洞洞的"表面上是指"黑夜黑洞洞的"，但深层含义则是"现实社会的黑暗"。鲁迅先生借"碰壁"一说，巧妙地表达了对当时社会的不满。

2. 谐音双关

利用词的同音，有意使语句具有双重意义，叫作谐音双关。

案例75　跟纪晓岚学如何辨认狼与狗

一次宴会上，担任礼部侍郎的纪晓岚碰到了一心想羞辱他的王尚书和陈御史。陈御史见厅外有一只狗，故意大声说道："你看那是狼（侍郎）是狗？"

第四章
幽默讲修辞，让自己成为别人眼里那个有趣的人

纪晓岚一听，心里便明白了陈御史在骂自己。于是，他也故作上当道："是狗。"王尚书以为纪晓岚上套了，就插嘴问道："你何以知道是狗？"

"狼与狗不同之处有二，"纪晓岚解释道，"一是看它的尾巴而别，下垂为狼，上竖（尚书）是狗！"此语一出，举座哄然大笑。王尚书面红耳赤，尴尬不已。

纪晓岚又继续说道："二是以它吃东西来辨，狼是非肉不食，可狗则遇肉吃肉，遇屎（御史）吃屎！"这回陈御史也没跑掉，跟王尚书一起被骂了。

在这个故事中，"侍郎"和"是狼"，"尚书"和"上竖"，"御史"和"遇屎"分别构成谐音双关，表面上是前面的意思，实际上是指括号中的意思，诙谐幽默，令人叫绝。

> **沟通技巧**
>
> 有的词本来没有多层含义，但在特定的语境下也可能产生双关意义。比如，梁秋实爱上了小他30岁的韩菁清，两人一起吃饭时点了一份"当归蒸鳗鱼"。韩小姐关切地说："当归味苦啊！"梁先生若有所思地说："我这是自讨苦吃。"韩小姐说："那我就是自投罗网！"

第五章

幽默当有度，人家可以自嘲，你不能嘲讽

> 凡事当有度，不及难成，过之易折，幽默也是如此。恰到好处的幽默可以起到活跃气氛、放松心情的作用，但故意讽刺、无聊低俗的玩笑只会让听者生厌，很多的冒犯和无礼就产生于那些不经意脱口而出的几句玩笑话中。因此，我们要掌握恰如其分的幽默尺度，因时、因人、因地、因内容而定，做到幽默有识，玩笑有度。

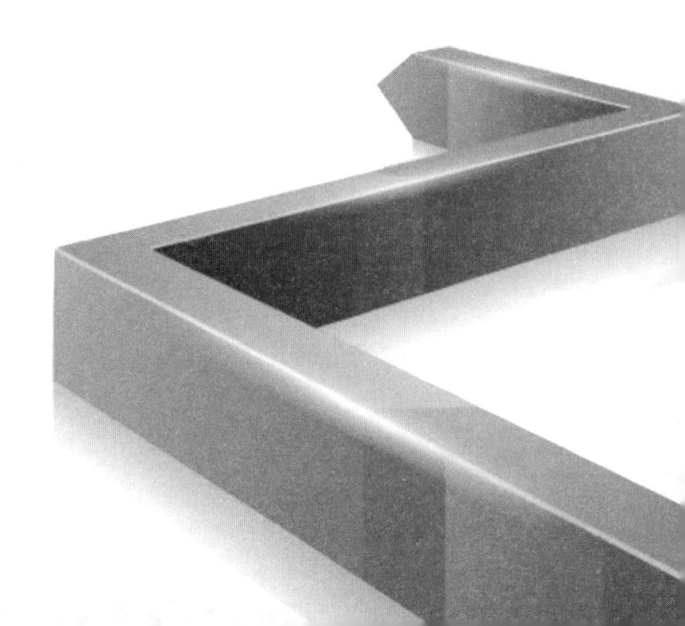

第五章
幽默当有度，人家可以自嘲，你不能嘲讽

一、幽默≠会讲笑话，你背下整本笑话书也没用

很多人觉得幽默的同义词就是搞笑，也就是讲笑话，其实这个观点是错的。笑话与幽默是两个不同境界的概念，会讲笑话的人不一定幽默，尤其是那些只会讲庸俗下流、与谈话无关的笑话的人，他们只不过是想借此引起他人的重视，这与幽默没有任何关系。

幽默在古代的本意是寂静无声，后来经过林语堂先生引入，将英文中的 humor 翻译成"幽默"，才有了诙谐风趣而意味深长的含义。林语堂先生说："幽默有广义与狭义之分，在西文用法，常包括鄙俗的笑话在内……在狭义上，幽默是与郁剔、讥讽、揶揄区别的，这三四种风调都含有笑的成分……"根据林语堂先生的讲述我们可以看出，幽默并不是搞笑的集合，而是自成体系。我们可以将讲笑话当成幽默的一种，但幽默并非只是讲笑话那么简单。

有的人在交谈中总是能够通过自嘲、夸张、打比方等方式调动大家的情绪，活跃现场气氛，让人轻松自在；但也有人常常将一切都搞砸，什么招数都用上了，气氛却越来越尴尬，成为众人眼中的"话题终结者"。

其实幽默不是一个瞬间动作，而是一种持久状态。真正幽默的人会因地制宜，根据现场的状况创作出令人会心一笑的故事，让人们感到轻松愉悦、自然而然。如果只是一厢情愿地插进去一个与场景无关的笑话，就会显得无比生硬，令人反感。

案例 76　讲了一个无人听懂的笑话，结果自己成为笑话

某部门领导让下属用纸箱做一个山洞模型，说是预备在元旦晚会上表演节目时使用。因为领导没有说清用途，所以大家都不知道要做多大，然后就七嘴八舌地讨论起来。

"要做多大啊？"

"不知道哎？"

"没人知道多大吗？"

……

一位女同事突然来了一句："我也不知道多大，但我知道滑铁卢。"空气突然安静，周围的人意识到她说了一个笑话，但完全没觉得哪里好笑，都是一脸迷惑的表情看着她。

她不得不尴尬地解释多大（多伦多大学）和滑铁卢（滑铁卢大学）都是加拿大的著名大学。可她解释完以后依然没人觉得好笑，大家看了她一眼就继续研究怎么做山洞了……

一个需要解释的笑话不是真正的笑话，这句话用在这里再合适不过了。这位同事自以为是地用两所国外的大学表达她的幽默感，可是她事先没有考虑大家是否能听明白，结果反倒把自己变成了笑话。

案例 77　与聊天无关的笑话让自己成为"话题终结者"

在一次朋友聚会上，大家正在热烈地讨论奥斯卡颁奖典礼上哪位女明星穿得最漂亮，有人说是卡梅隆·迪亚兹，有人说是娜塔丽·波特曼……

这时有个人忽然想起一个笑话，唯恐忘记，赶紧开口说："你们知道世界上哪种鸡跑得最慢吗？"

尽管十分不情愿，但大家还是停下来，"礼貌"地猜几种鸡配合一下。

在把大家的答案都否定以后，那个人大笑着说："是妮可鸡，因为妮可·基曼！哈哈……"

伴随着她的大笑的是朋友们的尴尬和冷笑，原本热烈的谈话气氛也变得冷清下来。一个笑话是否幽默不仅仅取决于它本身的搞笑程度，更受到沟通环境的制约。一个与现场毫无关系的笑话不仅仅无法逗笑大家，还会破坏原本正常的聊天氛围，让自己成为不受欢迎的"话题终结者"。

> **沟通技巧**
>
> 我们一定要把幽默和笑话区分开来，千万不要认为会讲笑话就是有幽默感。正如相声大师侯宝林所说："幽默不是耍嘴皮子，更不是扮怪象，它是很高尚的情趣，是对事物矛盾性的机敏反应，把普通的现象戏剧化的处理方式。"

二、巧妙拒绝不伤人，地主家也没有余粮啊

任何人都有需要别人帮助的时候，也都有面对他人请求的时候，可是现实生活中谁也无法做到有问必答、有求必应，因此掌握好幽默拒绝法就显得十分重要。例如，当有人借钱时，我们可以借用葛优在电影《甲方乙方》中的那句颇具喜剧效果的经典台词"地主家也没有余粮啊"来幽默地拒绝。

第五章
幽默当有度，人家可以自嘲，你不能嘲讽

幽默拒绝法是指当自己无法满足对方提出的不合理要求时，使用轻松诙谐的话语委婉地拒绝对方。这样既避免了对方的难堪，又减轻了对方被拒绝的不快。可以这样说，懂得随机应变，学会有技巧地说"不"，是每个人都应当学会的社交技巧。

如果我们拒绝别人时处理得不好，可能会伤害对方的脸面，对方会误解我们不重视他，从而怀恨在心。而适当的幽默则可以化解不必要的冲突，让对方既能明白我们的意思，又没有为难我们的理由。

案例 78 太太怕耗子，不怕男子汉

韦伯特别喜欢打高尔夫球，一天下午，他极力劝说一个朋友与他去打球。

"我倒想玩玩，"朋友推辞道，"可是，我答应太太……"

没等朋友说完，韦伯便打断他："啊，来吧，别管你的太太，你是个男子汉，还是只耗子？"

"我是个男子汉，"朋友耸耸肩，无奈地说，"可我太太怕耗子，不怕男子汉。"

无论是在工作还是在生活中，我们都可能遇到一些令自己为难的请求。明言拒绝只会让人难堪，勉强接受又会给自己带来麻烦，此时可以运用幽默拒绝法。韦伯的朋友既表达了自己的拒绝意图，又使韦伯无话可说。当我们遇到难以直接拒绝的请求时，也可以援引此法。

案例 79 "抠门"的大师——幽默的作曲家

意大利音乐家罗西尼生于1792年2月29日，因为每4年才有一个闰年，所以等他过第18个生日时，已经72岁了。他自己调侃道："这样可以省去许多麻烦。"

在过生日的前一天，一些朋友来告诉他，他们集了两万法郎要为他立一座纪念碑。

罗西尼听了以后说道："浪费钱财！给我这笔钱，我自己站在那里好了。"

罗西尼不同意立纪念碑的做法，但他没有一口回绝让朋友们尴尬，而是用一个既有趣又不切实际的想法："给我这笔钱，我自己站在那里好了"，巧妙地表达了对朋友们做法的不赞同，并指出了奢侈浪费的问题。很多时候，表面看起来胡搅蛮缠的话实际上是一种睿智的幽默。

> **沟通技巧**
>
> 虽然幽默拒绝法可以减轻因为拒绝产生的对立感，但拒绝毕竟是一件令人不快的事情。因此，我们拒绝别人的时候，可以尽量满足他的一些合理要求，或向其提一些建议作为补偿，减轻其失望感，否则幽默拒绝法也有可能失灵。

三、幽默≠插科打诨，而是面对危机挫折时的优雅身段

幽默越来越成为现代社会交际中不可或缺的一种能力，会不会幽默和懂不懂幽默非同小可。幽默能力甚至成为一个人在生活和职场中的重要评价标准，其重要性毋庸置疑。

幽默虽然也包含着引人发笑的成分，但它绝不是插科打诨的戏谑。真正的幽默是有智慧的幽默，是面对危机和困境时轻松自如的优雅身段，是消除尴尬和压力时自然随意的深邃智慧。

案例80　妙语解尴尬，让兔子去高等法院上诉

乔恩很喜欢和朋友外出打猎。一次他应邀和朋友们出去打猎，其中有一位是法官，两人正在草丛里寻找动物时，一只兔子突然窜了出来。

"啊哈，那只兔子已被宣判死刑了。"法官得意扬扬地说，随即扣动了扳机。可惜这枪并未打中，兔子跳着逃走了。随行的人哈哈大笑，法官的脸上红一阵白一阵，很是尴尬，为自己刚才夸下的海口羞愧难当。

这时乔恩连忙笑着对法官和随行的人说："看来这只兔子对你的判决不太服气，已经跑到高等法院去上诉了。"乔恩的话音刚落，众人便发出会心的笑声，一场尴尬就这样化解了。

当尴尬不期而遇时，如何摆脱就成为考验人们智慧的一个问题。法官的"宣判失误"让他大为尴尬，而这时乔恩却借用他的那句话把兔子的逃跑解释为"去上诉"，立刻扭转了现场的气氛，尴尬的气氛顿时消散得无影无踪。

并不是每个人都能有如此高超的幽默能力，很多希望学习幽默的人常常误入歧途，只知道油腔滑调的故弄玄虚，或矫揉造作的插科打诨，或在众人面前讲一些浅

薄、低级的笑话，讨人生厌。

案例 81　随意插科打诨，让新认识的朋友难以接受

同为公司刚入职的员工，李梦和孙敏关系还算不错。一天晚上，李梦、孙敏和另一个同事一起吃饭时，聊起了各自的家乡话。李梦对另一个同事说："你用家乡话说一句话。"

"说什么呢？"她说。

"你就说孙敏是傻子。"李梦玩笑道。

当时孙敏就愣了，心想："为什么这么说我？现在的人都这么随便？我刚认识她几天而已。一个这么文静、可爱的女孩，一说话就这么不尊重人，真让人难以接受。"

这件事以后，孙敏就再也没有和李梦深交过。

真正的幽默洗去了无聊的戏谑、庸俗的恶搞，它是智慧的幽默，深邃的幽默，是让人自内心深处发出笑声的幽默。这个案例中的玩笑不过是将自己的快乐建立在别人的痛苦之上，毫无幽默感可言。

> **沟通技巧**
>
> "插科打诨"本不是贬义词，但随着越来越多肆无忌惮的插科打诨出现，它就越来越带有贬义意味了。讨人便宜、讥人缺陷、自嘲自渎、怪模怪样、软硬兼施，恨不能挠人痒痒、触人笑神经以博人一笑，这实在是让人难以忍受，而这些正是我们需要避免的玩笑方式。

四、良药不苦口，给批评穿上一件"糖衣"

我们经常会遇到各种各样令自己难以忍受的人，有的人口无遮拦、言语恶俗，有的人骄傲自大、故步自封，有的人以讽刺挖苦为乐，有的人明知犯错却屡教不改。遇到这种情况，正面指责往往会发生冲突，如果我们能以和为贵,运用委婉的方式表达自己的意见和观点，为批评穿上一件"糖衣"，就会让良药不再苦口，忠言不再逆耳。

幽默批评法要求我们在说话方式上多下些功夫，曲意表达、话里藏机、幽默自嘲。事实上，幽默批评所体现的是一种爱的艺术，它是一种甜蜜的激励，是一种容易让人心悦诚服地接受的批评。

案例 82　"原来你是为了瞄准"——在笑声中化解纠纷

一位刚刚学会骑自行车的小孩在路上骑车时，看见前面有个正在横穿马路的行人，于是他紧张地喊道："别动！别动！"

那人扭头一看马上站住了，然后小孩骑着车直冲冲地撞了上去。

小孩满脸通红地连连道歉，这位倒霉的行人看他年纪小，不准备和他计较，于是幽默地说道："原来你刚才让我别动是为了瞄准啊！"

这位倒霉的行人讲了一句幽默的话，不仅批评了小孩骑车太危险，也让他虚心接受了自己的批评，这就是幽默批评的高明之所在。在日常生活中，我们经常会遇到一些小矛盾，如果能用幽默的方式展现出一种温和的批评，就可以有效地将其化解。

案例 83　托尔斯泰幽默批评，懒惰仆人低头认错

著名作家列夫·托尔斯泰有一位仆人，此人既懒惰又爱狡辩，常常欺骗托尔斯泰。

有一天，托尔斯泰让仆人把鞋拿过来，拿来以后他发现鞋子上布满泥污，于是生气地问："你早晨怎么不把它擦干净呢？"

"为什么要擦干净呢？路上到处是泥，即使您穿的鞋再干净，两个小时以后它又要和现在一样脏了。"仆人振振有词道。

托尔斯泰见仆人不仅不接受自己的批评，还不停地狡辩，就没有讲话，微笑着走出门去。

这时仆人赶忙追上他，说道："您慢走，钥匙呢？厨房的钥匙给我啊！我还要吃午饭呢！"

原来，托尔斯泰家厨房的钥匙正好放在他自己身上。"我的朋友，你还吃什么午饭？反正两小时以后你又将和现在一样饿嘛！"托尔斯泰笑着对仆人说。

仆人立即脸红了，赶紧向托尔斯泰低头认错，请求原谅。

托尔斯泰用幽默的语言既批评了仆人的懒惰，使其认识到了错误，同时又显得温和、有趣，不至于让其心生怨恨。如果托尔斯泰对仆人大加责骂，那仆人不仅不会心服口服地接受批评，还可能继续狡辩甚至怀恨在心。

案例 84　来自经理的"邀请",原来是善意的批评

周一早上,一位女同事上班迟到了几分钟,来的时候正巧大家都在开会。经理看了看她,问道:"美女,星期天晚上有没有时间呢?"

这句话让全场的人都很惊讶,不知道经理的葫芦里卖的什么药。这位迟到的女同事更是茫然,回答道:"有呀,怎么了?"

经理笑了笑说:"那就请你早点儿休息,省得周一早上迟到。"

在工作和生活中,我们需要面对纷繁复杂的人群,每个人的素质、品性都不尽相同,而那些不懂尊重、素质不高的人难免会被我们遇到,这就给我们的生活与工作带来了一些不必要的麻烦。如果我们大声斥责、严词批评,容易激起对方的反抗心理,爆发冲突。即使我们的批评起到了一定的作用,也很难真正地解决问题,让对方发自内心地尊重我们。与其这样,不妨试试幽默批评法,让对方心服口服地接受我们的批评。

幽默的批评如同一把柔中带刚的宝剑,可以温柔地击中对方的要害,给其带来很大的震撼,让其在笑声中反思自己的错误。虽然幽默批评法不是所有人都能熟练驾驭的,但只要在生活中多留心、多观察、多分析,培养自己的洞察能力、语言组织能力、临机应变能力,培养自己轻松自如的心态和思维方式,就一定可以让自己的批评越来越幽默,话术越来越精妙,人缘越来越好。

> **沟通技巧**
>
> 幽默批评法的重点在于启发与调动被批评者积极思考。它以幽默的方式指出批评对象的要害,往往含而不露,令人回味无穷。但是,运用幽默批评法最忌牵强附会,生拉硬扯,否则会适得其反,给人一种画蛇添足之感。

五、幽默≠故意出丑,你没必要扮演小丑

中国人平时说话比较含蓄,讲究点到为止,幽默也是如此。因此,高级的幽默往往不是靠滑稽出丑来实现的,而是聪明地点出在场人都能心知肚明的话外之音。

不过故意出丑虽然是比较低级的一种搞笑方式,但它简单易学,很受大家喜爱。我们经常可以看到有人故意出丑或是大声说一些自以为幽默的话试图引起别人的注意,从而证明自己的与众不同。其实这种没有底蕴的哗众取宠虽然可以让大家一时开心,但更可能让自己在他人心中的形象大打折扣。

例如,我们经常见到一些故意出丑的现象,如节目中高大的胖女人和矮小的瘦

男人跳舞；或是男扮女相、男唱女腔，挺大的块头扭捏作态，冒充多情的姑娘……

贫嘴瞎逗、故意出丑固然能使人发笑，但这种笑是由于事情的荒唐怪诞而引起的，并没什么内涵和新意，更没什么值得回味的。"使人发笑的，是滑稽；使人想了一想才发笑的，是幽默。"利用庸俗耍怪、故意出丑来硬抠听众胳肢窝发笑的，不是幽默，而是滑稽。滑稽的笑是荒唐可笑的笑，而幽默的笑则是启人心智的笑。一种是浅薄的逗乐，另一种则是智慧的闪现。

案例85 刘姥姥进大观园，过分的自嘲果真好笑？

《红楼梦》中，刘姥姥二进大观园时，众人留刘姥姥宴会、游园，把她当作"玩物"取乐。

贾母这边说声"请"，刘姥姥便站起身来，高声说道："老刘，老刘，食量大似牛，吃一个老母猪不抬头。"自己却鼓着腮不语。

众人先是发怔，后来一听，上上下下都哈哈大笑起来。

刘姥姥对贾府一片赤诚，鸳鸯、凤姐却拿她当猴耍。刘姥姥成了她们的"小丑"，被她们肆意取笑。一个75岁的老太太靠出丑、自贱来博大家一笑，这样还算幽默吗？

想靠故意出丑、哗众取宠的方式来赢得大家的笑声是很容易的，但赢得大家的好感是很难的。如果所有人都把我们当成了一个只会表演滑稽戏的小丑，又怎会从内心里尊重我们呢？

案例86 以为自己只是开了个玩笑，没想到它却成了"真"

张航是某理发店的学徒，一次，一位经常在附近执勤的警察来到店里理发。在洗头的过程中，张航开玩笑般地说道："我以前做过扒手，你还抓过我呢！"

张航本以为这位顾客会明白这是他开的玩笑，没想到顾客竟然认真地说："或许是吧，我以前抓过很多扒手。"

当时店里还有几位同事和顾客，大家都听到了他们的对话。就这样，大家私底下纷纷谈论张航的"扒手"经历。

以自轻自贱、出丑卖乖或哗众取宠来取悦于人，很容易降低自己的身份和尊严，让自己成为他人的笑柄。能逗笑大家不一定是幽默者，也可能是自我出丑者。可这种笑是一种嘲笑，而非发自内心的笑，我们不要也罢。

> **沟通技巧**
>
> 其实，如果我们能将出丑控制在一定程度内，不但不会影响自己的形象，反而会让自己更具人格魅力。原因在于一个不完美的人往往更有真实感，更容易得到人们的喜爱。所以，偶尔尝试一下自我出丑也不是绝对不行的，但是要掌握好尺度。

六、雅俗共赏，最怕你低俗还暗赞自己风趣幽默

"幽默"的字面意思是有趣或可笑，它是建立在心照不宣和共识之上的快乐，具有某种默契的意味。但总有人会把低俗当成幽默，把无知当成偏见，把嘴贫当成直率，还觉得自己的情商特别高。

案例 87 著名主持人微博向老戏骨道歉，皆因不当玩笑闯的祸

在某次颁奖典礼上，为了活跃现场气氛，主持人杨迪与沈梦辰要求嘉宾武大靖当场模仿老戏骨张嘉译的"霸气"走路姿势。武大靖显得有些难为情，但架不住主持人的撺掇，只好和沈梦辰一起模仿了一下。

不料，看似非常热闹欢腾的场面却引起了很多网友的纷纷指责。因为张嘉译驼背走路的姿势并非自己搞笑故意摆出来的，而是因为得了强直性脊柱炎。

两位主持人为了活跃现场气氛，不惜以别人的身体痛苦为笑点，确实做得有些过分。面对网友的指责，武大靖、杨迪和沈梦辰都在微博上发表了道歉声明，而张嘉译则大度地表示："因为喜爱，所以效仿，个中缘由并不知晓，不必自责，不要苛责。"

其实，作为主持人，除了要活跃现场气氛以外，更应该时刻注意自身的言行举止，在开玩笑时一定要把握好分寸，千万莫把别人的痛苦当成笑料。

> **沟通技巧**
>
> 当然，反对低俗并不是要一味地拔高幽默，如果幽默是用拉丁文或甲骨文写出来的，那高雅是有了，幽默却没了。雅俗共赏是指既优美又通俗，各种文化程度的人都能够接受。内容上要优美高雅，形式上要通俗易懂，这样的幽默才能做到雅俗共赏。

七、幽默≠讽刺挖苦，要学会与人为善

《红楼梦》中林黛玉和薛宝钗都聪明、幽默，但不同的是薛宝钗常用幽默帮人解围，而林黛玉总自以为幽默地挖苦别人。现实生活又何尝不是如此，很多人误解了幽默的含义，把讽刺当成幽默，把挖苦当成玩笑，将自己的快乐建立在别人的痛苦之上。

当幽默越来越受到欢迎的时候，会有很多人借幽默之名行讽刺之事。言语中的讽刺会让说话者觉得高人一等，也会让对方觉得受到侮辱。长此以往，恐怕就没有人愿意与这种人交往了。

讽刺伤害人，幽默治愈人；讽刺可以杀人，幽默可以帮人活下去；讽刺旨在控制，幽默则要解放；讽刺是冷酷无情，幽默是宽大为怀；讽刺使人屈辱，幽默使人谦虚。幽默不仅为人道服务，它本身也有价值：它把悲伤变成喜悦，把幻灭变成滑稽，把失望变成快乐。它能平息傲气，因而也能平息仇恨、愤怒与狂热。

真正的幽默者，无论幽默别人还是幽默自己，总是与人为善，如口吐莲花，美妙不绝；如三月春风，轻抚面颊；如冬日暖阳，暖人心窝；反之，如果口出恶意，就像数九寒冬怒吼的冷风，扑面刮来的冰凌，使人痛苦，使人难堪，那不是幽默，是讥讽和挖苦。

案例88　自以为机智幽默，实际上尖酸刻薄，伤人于无形

作为公司的人事部门负责人，韩芳特别热心张罗公司团建和活动方面的事情，每逢节日或有新同事入职她都会张罗着聚会，以此拉近同事关系，但后来她每次组织聚会，同事们都很不愿意参加。

原来，每次聚会时韩芳总是喜欢以活跃气氛为由在饭桌上拿别人开玩笑，经常惹得当事人一脸尴尬，十分难堪。

有一次，公司来了一位新人，韩芳组织大家出去吃火锅。那天老板带新同事去见客户，中午回来晚了没吃午饭，于是这个新同事晚上吃火锅时多吃了几口。

新同事不好意思地说："我是不是太能吃了？"

同事们都说："没事，没事，你慢点儿吃。"

韩芳接了一句："大家都学学他，以后公司聚会都留着肚子多吃点儿，反正

不要钱。"这让新同事十分尴尬。

还有一次，一个刚毕业的女孩来公司面试，面试通过后说好第二天就来办理入职手续。没想到女孩刚刚走出公司大门，韩芳就哈哈大笑起来，一边笑一边指着门外说："你们看，那个姑娘走路像企鹅一样左右摇晃，太好笑了！"

结果，女孩第二天没有来报到。

生活中有很多像韩芳一样的人，他们喜欢不分场合地开别人的玩笑，或对别人恶作剧，自以为是妙语连珠的幽默高手，殊不知自己在别人眼中已经变成尖酸刻薄的伪君子。

幽默不等于无理，搞笑不意味有趣，反击不代表毒舌。真正的幽默是在尊重他人的前提下，轻言淡语地化解尴尬，是用有趣的语言包装自己的话语，而不是一味尖酸刻薄地挖苦。

一个人的幽默感不是装出来的，也不是靠讲笑话、毒舌得来的，只有心存善意，有敏锐的洞察力和人生的大智慧，并且拥有宽容心态的人，才能真正体会到幽默的魅力所在。

其实幽默在本质上是一种对于分寸感的把控。嘲笑讽刺、盛气凌人的毒舌并不属于幽默，只有那些为所有人带来欢笑，不让任何人难堪，甚至还富有哲理、引人深思的幽默，才是真正的幽默。

幽默是一种修养，所有懂得幽默的人都有丰厚的知识作为积淀，有温和而从容的心态作为支撑，并且风格各异，独树一帜。真正的幽默不是讽刺挖苦，而是与人为善，助人脱离困境的及时雨。

> **沟通技巧**
>
> 送人玫瑰，手有余香。幽默的语言就是善意的心灵上绽放出的美丽花朵。只要我们出于善意，哪怕语言的幽默感不够强，也会为自己的形象加分；相反，尖酸刻薄的话语，哪怕说得再好，也会让自己的声誉更差。

八、幽默有禁区，前方高能，紧急规避动作

"前方高能"是发源于弹幕视频的一个段子，一般情况下是预示接下来视频会出现激烈的内容或画面，提醒后来的观看者做好心理准备。对幽默来说，同样有"前方高能"，需要我们及时规避的地方，这就是幽默的禁区。

凡事都要有分寸，幽默也要适"度"。如果过了"度"，

结果就会适得其反。因此，如何掌握恰如其分的尺度，因时、因人、因地地调整幽默方式，避免误入禁区，成为我们必须面对的一个问题。

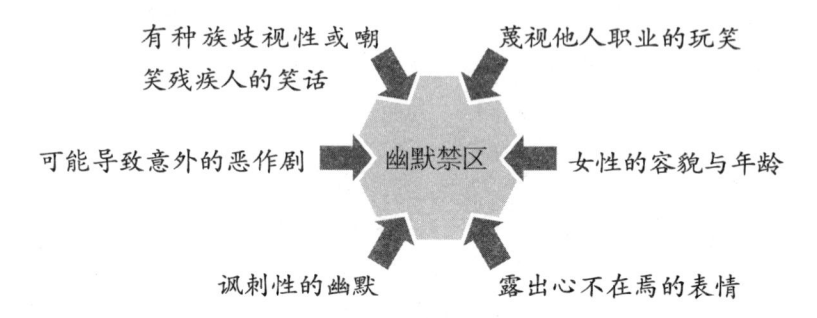

```
有种族歧视性或嘲         蔑视他人职业的玩笑
笑残疾人的笑话
                ↘    ↙
可能导致意外的恶作剧 → 幽默禁区 ← 女性的容貌与年龄
                ↗    ↖
   讽刺性的幽默         露出心不在焉的表情
```

1. 有种族歧视性或嘲笑残疾人的笑话

涉及种族歧视或残疾人的笑话都不适当，因为这是冒犯他人。例如，拿别人的生理缺陷开玩笑，这是故意揭别人的"伤疤"，把自己的快乐建立在别人的痛苦之上。另外，性别歧视、地域歧视等笑话也要尽量避免，否则很容易引起误会或冲突。

案例89　口不择言，小玩笑惹出大麻烦

一次，两个同事来到小晴家做客，小晴热情地接待了他们，大家相谈甚欢。一会儿，小晴给两个同事端上两杯咖啡。一个同事对另一个同事开玩笑说道："秃子跟着月亮走——我这是沾了你的光，才能来到小晴家做客。"

话音未落，小晴的丈夫便满脸不悦地走开了。原来他有些谢顶，对此十分敏感，受不得一点儿嘲笑。

这种幽默并不是真正的幽默，它不但不能带来快乐，还会惹人生厌，令人反感，降低其他人对说话者的评价。如果有人常常有意或无意地讽刺、挖苦他人，最后一定会遭到所有人的一致鄙视。

2. 可能导致意外的恶作剧

很多恶作剧并不是每个人都能接受的，例如捕风捉影，以假乱真，把小道消息作为茶余饭后的笑料，这就是一种不负责任的低级趣味。另外，还有一些容易让人产生误会的玩笑也要尽量规避，否则有可能造成意想不到的后果。

案例90　一句玩笑酿成大祸，爷爷悔恨交加

韩曦头胎生了个女儿，已经八岁了，如今她又怀了二胎，四个多月。得此

消息，一家人很高兴。这一天，八岁的女儿嘟着小嘴，嘟囔道："妈妈，我们不要你肚里的小宝宝了，好不好？"

话音未落，韩曦当即一惊，之后哄着女儿，说："妈妈给你生个小弟弟或小妹妹，你俩一起玩啊，多好呀！"

听了韩曦的一番话，女儿依旧一脸不悦，坐在沙发上一动不动。这时韩曦想去柜子里给女儿找些好吃的哄她开心，可哪知刚走到柜子前，女儿竟猛地扑过来，双手使劲一推。没有防备的韩曦一个趔趄倒了下去，肚子咣当一声撞在柜子的一角上，之后顺势倒了下去。

公婆发现急忙送她去医院，可肚里的孩子终究还是没保住，一家人着实心痛不已。之后韩曦把女儿狠狠地教训了一顿，问她为什么要推搡自己，女儿则委屈地啜泣道："爷爷说，有了弟弟妹妹之后，爸爸妈妈就会不爱我了，所以我才……呜呜呜……"听了女儿这番话，一家人惊得目瞪口呆。

这时几个人的目光同时投向韩曦的公公，他满脸涨得通红，挠着脑袋若有所思地说道："哦，哎呀！想起来了，我前几天和孙女开玩笑，逗她说有了弟弟妹妹之后爸爸妈妈就不喜欢你了。可是，她怎么就当真了呢？"

3. 讽刺性的幽默

如果玩笑可能刺伤对方，我们还是不要说出来。当我们讽刺他人时，受到伤害的人内心会十分难受，甚至会对我们产生怨恨。哪怕讽刺对象不在场我们也要注意，因为经过他人的道听途说再传到讽刺对象的耳朵里，后果会更加严重。

4. 蔑视他人职业的玩笑

如果我们拿来开玩笑的职业和对方的职业无关的话，那对方一般不会有什么感觉。例如，我们在一位销售员面前开记者的玩笑，那他会一笑而过。如果我们开玩笑的职业正好是对方的职业，那就十分危险了。虽然有些人对自己的职业也有不满，但当别人讽刺其职业时，他依然会十分生气。

案例91　一首打油诗让自己闯进朋友的雷区

赵鹏是一名程序员，典型的技术型宅男，平时就喜欢待在家里玩玩游戏。最近他迷上了一款新游戏，经常被队友批评水平太差，但他一直觉得无所谓，从来没有因此而生气，因为他觉得这方面对他来说无所谓，反正只是个游戏，就算技不如人也没关系。

一次，朋友们一起聊天的时候，有人说在网上看了一个形容程序员的诗："写字楼里写字间，写字间中程序员。程序人员写程序，又将程序换酒钱。酒醒只在屏前坐，酒醉还来屏下眠。酒醉酒醒日复日，屏前屏下年复年。但愿老死电脑间，不愿鞠躬老板前。奔驰宝马贵者趣，公交自行程序员。别人笑我太疯癫，我笑自己命太贱。但见满街漂亮妹，哪个归得程序员？"

这本来是一个无伤大雅的玩笑，却不小心踩到了赵鹏的雷区，被其怒骂了一顿。因为赵鹏把事业看得很重，专业就是一个男人的事业，是他立足于社会、获得生活来源和社会地位的东西，自然容不得别人蔑视。

男人的事业，女人的相貌，这是男女最重要的雷区，哪怕关系再好，也要在这些问题上慎言。

5. 女性的容貌与年龄

对女性容貌或年龄的讽刺是玩笑中的大忌，当我们讽刺她们的容貌时，就是踏进了最危险的雷区。

案例92　一个小玩笑被对方拉入黑名单，只能后悔不已

一天下午，韩东去某单位办事，与一位经常打交道的女性工作人员聊了起来。这位工作人员说自己感冒很久了还没好，然后韩东便玩笑道："看你身强体壮、虎背熊腰的状态，感冒根本就是小菜一碟嘛！"

结果韩东话音刚落，对方立刻翻脸，说道："你怎么说话的，你可以走了！"

韩东被轰走以后，本以为双方打了两三年交道了，一个玩笑应该不会有多严重的后果，可他没想到这位工作人员给韩东的领导打电话说让他以后不要去她那里办事了。

"虎背熊腰、身强体壮"可以用来形容男人，却不能用来形容女人，这么明显的错误韩东竟然也会犯，这就是不懂幽默禁区的后果。除此之外，当男人与异性聊天时，一些带有性暗示的低俗玩笑也是禁忌。

6. 露出心不在焉的表情

当别人都笑成一团时只有我们板着面孔，无疑会破坏现场的氛围。因此，当听到别人的幽默话语时，即使自己觉得十分无聊，也应礼貌性地回应一下。因为任何事情都是相互的，我们投之以桃，对方必然会报之以李。当我们表达幽默时，别人也会以积极的态度来应对，最终受惠的还是我们自己。

> **沟通技巧**
>
> 通常情况下，后辈不应该与前辈开玩笑，下级不宜与上级开玩笑，男性不宜与女性开玩笑。除此之外，性格、气氛、场合和时机等方面也是应该注意的幽默禁区。最后，最重要的一点就是要保护对方的尊严，因为所有禁区都是与对方尊严密切相关的。

第六章

扭转不利局面，用幽默巧妙摆脱困境

在纷繁复杂的社会关系中，每个人都要与别人沟通。但沟通并不都是一帆风顺的，总会有些人的言行令场面出现尴尬或充满火药味。当我们面对不利的局面和尴尬的境地时，与其紧张或愤怒，不如先放松紧绷的心情，然后用幽默的方式表达自己的想法。这样一来，再难缠的人、再棘手的事情也可以轻松应对。

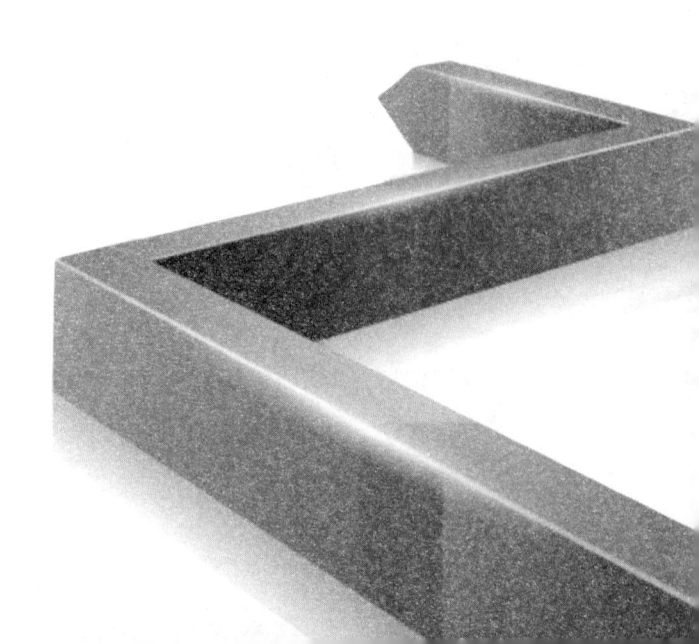

第六章
扭转不利局面，用幽默巧妙摆脱困境

一、拒绝针锋相对，舌头代替拳头，幽默化解愤怒

该用舌头的地方用拳头并不能解决问题，可以说所有的冲突和矛盾都是在拳头跑得比舌头快的时候产生的。因此，无论做任何决定时我们都应该记住，能用舌头解决的事情就别动用拳头。

在复杂的人际交往中，矛盾与冲突总是在所难免的，当遇到怒气冲冲、火冒三丈的人时，有的人会针锋相对，有的人会恶语相加，还有的人会茫然无措。如果我们掌握了幽默的沟通技巧，就可以轻松地"化干戈为玉帛"，将对方愤怒的拳头化作轻松的笑容。

在人生的各种际遇中，幽默是人际关系最好的润滑剂。它以善意的微笑代替抱怨，以幽默的语言给人以诙谐的情趣，缓解紧张、克服畏惧、平息愤怒，进而改善人际关系。

案例93　请回去称称您的孩子是否长重了

一次，一位女士怒气冲冲地走进商店，面对店员厉声问道："我叫我儿子在你们这里买的果酱，为什么缺斤少两？"

店员先是一愣，随即很有礼貌地回答道："请您回去先称称孩子，看他是否长重了。"

这位女士转念一想，立刻恍然大悟，脸上怒气全消，心平气和而又不好意思地对店员说道："噢，对不起，误会了！"

这个案例中，店员一听到顾客的抱怨就明白问题出在哪，但她并没有直接指出是小孩偷吃了果酱，而是聪明地侧面提醒这位女士，既维护了商店的信誉，又避免了一场争吵。试想，如果她与顾客针锋相对、互相指责，那不管自己是对是错，最后都会影响商店的生意。

案例94　不动声色，以幽默巧妙平定别人怒气

一位议员在进行一个很漫长的演讲，另一位议员觉得对方占用的时间太长，有些不满，就走到对方跟前低声说道："先生，请您能不能快一点儿……"

话未说完，那个正在演讲的议员便回过头来，用严厉的语气低声呵斥道："你最好出去。"然后仍旧继续他的演讲。

提出建议的议员觉得自己受到了侮辱，顿时怒气冲冲地去议会主席那里申诉。他对议会主席说："主席先生，您听见××刚刚对我说的话了吗？"

"听见了。"主席不动声色地答道："但是，我也已经看过了有关的法律条文，你不必出去。"

议会主席把议员的愤怒当成了玩笑，避免了让自己卷入这种无聊争吵的漩涡中。当矛盾发生时，那些缺少幽默感的人常常会把事情搞得越来越僵，而有幽默感的人却能使一切变得轻松而自然。可以说幽默就是人际交往的润滑剂，一句幽默的话语能使大家在笑声中相互谅解。

案例 95　剧情大反转，借幽默之力化解尴尬，大家皆大欢喜

一天，在拥挤喧闹的百货大楼里，一位女士气愤地对店员说："幸好我没打算在你们这找'礼貌'，根本找不到。"

店员沉默了一会儿，然后微笑着说道："您可不可以让我看看您的样品？"

那位女士愣了一下，然后会心地笑了。就这样，店员用自己的幽默打破了与顾客之间的僵局。

幽默在人际交往中的作用是十分明显的，它可以使人际关系变得和谐、轻松，让人们在一种轻松、愉快的气氛中完成沟通。有幽默感的人善于运用幽默化解矛盾和冲突，其言谈举止更能吸引人，也更容易成为人际交往中的明星人物。

> **沟通技巧**
>
> 塞涅卡写道："化解冲突的最好良药，就是含有幽默感成分的机智。"遇到不合己意的事情，当场发脾气很容易，克制自己的怒气却很难。通过幽默化解对方的愤怒，比针锋相对或沉默消极要好很多。而如何控制住自己的脾气，需要的就不只是智慧，还有宽容。

二、尴尬不期而遇，利用反向思维制敌

工作和生活中，我们难免会遇到各种尴尬的场景，例如，不小心揭了他人短或

被他人揭了短，做了错事被人发现或发现别人做了错事等。当我们当众出丑、遭遇窘迫时，应该如何化解眼前的困境呢？不妨试试反向思维幽默法。

"横看成岭侧成峰，远近高低各不同。"反向思维就是将我们的思想从常规中摆脱出来，简言之就是要开动脑筋，冲出俗套。我们可以朝正常思维相反的方向进行探索，然后得出一个出乎大家意料却又在情理之中的结论。

一般情况下，很少有人费神去看待问题的正反两个方面，如果我们能运用"对立的方法"透彻地思考某一特定的难题，就可能获得一种与众不同的解决难题的新途径。

这种"逆向思维"有助于激发我们的思想活力，增强我们的创造力。一位智者曾经说过，当大多数人都在向着一个方向走去的时候，那么这个方向很可能就是一个错误的方向。

案例96　随机应变，将失败的表演进行下去

一位玻璃制品销售员正在当众推销他的钢化玻璃酒杯。他先是向围着自己的一大群人介绍产品，然后开始演示，把一只钢化玻璃杯用力摔到地上。

按照正常的流程，接下来他应该拿起毫发无损的杯子来证明杯子的质量，但这只杯子让他失望了。他往地上猛地一摔，杯子"砰"的一声就碎了。这种以前从来没有发生过的事情让他大吃一惊，围观的人们也目瞪口呆。

面对这样尴尬的场面，销售员灵机一动，镇定地对人们笑了笑，说道："你们看，像这样的杯子我是绝对不会卖给你们的。"一句话，围观的人们都笑了，刚才尴尬的气氛一下子就缓和过来。

接下来这位销售员又摔了几个杯子，这些都没有出现问题。毫无疑问，他赢得了人们的信任，一下子卖出了很多杯子。而且因为他机智、幽默的应对，很多人都以为摔坏杯子是他故意设计的一个环节，用来营造效果和吊人们的胃口。

如果我们一遇到尴尬的场面就惊慌失措，那非但不能化解麻烦，还会让事态更加严重。相反，如果我们能够沉着冷静，换个角度来思考问题，以幽默的话语机智应对，就有可能巧妙地自我解围，转危为安。

案例97　笑的奥秘——钢琴家幽默挽回现场气氛

钢琴家波奇有一次在美国密歇根州的福林特进行演奏。当他临出场的那一刻，才发现台下的观众稀稀拉拉，全场座位的一半都没坐满。这让他很失望，

但他又不能让这种失望的情绪影响自己的演出。

于是,波奇从容地走到台前,向观众一鞠躬,然后故作神秘地说道:"我想这个城市的人一定很有钱!"观众听得一头雾水,都不明白他是什么意思。稍微停顿之后,波奇说道:"我看到你们每个人都买了两三个座位的票。"

全场观众爆笑,气氛马上变得热烈起来,波奇也顺利地克服了自己低落的心情,顺利地完成了本场演出。

遇到案例中的这种情况,大多数人一定会一直想自己多么不受欢迎,而聪明的波奇换了一个角度,用"每个人买了两三个座位的票"来向大家解释观众少的原因,让观众忍不住哈哈大笑起来。

其实很多时候尴尬与幽默只有一念之差,如果我们陷入悲观的泥潭,那只会让自己的处境越来越糟;相反,如果我们能够充分发挥自己的反向思维,换个角度来思考问题,说不定会有意想不到的收获。

> **沟通技巧**
>
> 除了反向思维外,我们还可以利用自嘲法、以其人之道还治其人之身法、将错就错法、欲擒故纵法来摆脱尴尬。需要注意的是,处于尴尬情境中的人往往会因为众人的嘲笑而心绪不稳,这会影响其思维。因此,只有保持镇定,我们才能发挥出反向思维的幽默效果。

三、回敬"揭短",以子之矛,攻子之盾

王超正在帮助同事修理电脑,说:"应该是电脑中毒了,我帮你重装一下系统就行了。"这时,另一位同事说:"嗨,千万别听他胡说,他根本就不会修电脑,只会拆电脑。上次我让他帮我修电脑,结果修完以后网都连不上了!"

李军正在和新结识的朋友吹嘘:"我钓鱼可厉害了,上周和朋友们出去钓鱼,我一会儿就钓到了两条大鱼!"朋友一脸羡慕,不料旁边的另一位朋友却说:"嘿,别听他瞎编,他一条都没钓到,那两条鱼都是他在水产店买的。"

在生活和工作中,你是不是也常常遇到类似的情况?无论是家人、朋友还是同事,经常有人会开玩笑似的揭我们的"短",搞得我们下不来台。沉默不语显得窝囊,直接反击又显得斤斤计较。那么,应该如何让自己从容且体面地从困境中走出来呢?这时可以试试"以子之矛,攻子之盾"的幽默法。

第一个案例中,王超可以这样对同事说:"那是因为你的电脑不想让你用了,我已经十分努力地挽留了,可你还是把它吓坏了。"

第二个案例中，李军可以这样对朋友说："我只不过是把钱当成了鱼饵，这就不是钓到鱼了吗？"

虽然有很多话语可以用来反击对方，但只有幽默的反击才是最高的境界。当我们在回敬对方时还能让对方笑出来，这才是真正的幽默。在回敬对方的幽默方式中，"以子之矛，攻子之盾"是最高超的幽默艺术，具体来说，就是拿别人攻击我们的言语或者其曾经说过的话、做过的事来攻击对方。由于是对方率先发难的，因此即使其再生气也无法反驳我们。

案例98　机智应对揭短者——你闭着眼睛读的吧？

一位作家刚发表了一篇小说，由于名声不大，因此销量欠佳。另一位作家朋友幸灾乐祸，跑过去问他："这篇小说写得这么差，你是闭着眼睛写的吗？"

作家答道："我是睁着眼睛创作的，不过恐怕你是闭着眼睛读的吧！"

朋友用"闭着眼睛写"来讽刺这位作家销量不佳的作品，任何人听了都会十分生气，这位作家也不例外。但他并没有直接和对方起冲突，而是借用对方的句式来了个"以子之矛，攻子之盾"，讽刺对方不懂欣赏。

案例99　借势自嘲，化被动为主动，化解尴尬局面

一位律师打算竞选国会议员，他的口才很好，但长相非常一般，他自己也常常以此自嘲，却给自己加分不少。在一次选举演讲时，竞争对手这样攻击他："说一套，做一套，有两张脸。"

律师平静地回答："刚才那位先生说我有两张脸。如果我真有两张脸的话，我能带着这张丑脸来见大家吗？"顷刻间所有人哈哈大笑，律师也在谈笑间化解了对方的指责和攻击。

这种幽默方式可以化被动为主动，让我们从被指责的一方变成指责的一方，令对方措手不及。这种方法的精髓在于根据对方的指责和揭短来进行反击，不需要我们挖空心思去想新的招数，显得十分自然。

> **沟通技巧**
>
> 回敬对方是建立在对方"揭短"的基础之上的，如果对方没有攻击我们，我们就没有必要结怨，多个朋友总比多个对手要好。只有当有人先攻击我们时，才有必要利用这种幽默方式去回敬对方，让对方明白我们的实力。

四、人非圣贤，孰能无过，巧用幽默为过失辩白

在人际交往中，每个人都难免犯错，或许是粗心大意的无心之失，或许是迫不得已的无奈之举，但总会招致他人的不满。不管我们是据理力争，为自己寻找借口，还是低声乞求，请求对方的宽容，都很难得到对方的谅解和宽容。

人非圣贤，孰能无过？谁也不能保证自己永远正确，永远不犯错，但我们可以降低过失的不利影响，让过失不但不给自己带来麻烦，还能为自己加分，能做到这一点的自然就是幽默的高手。

案例100 东方朔机智应对汉武帝

一天，东方朔陪汉武帝游览上林苑。上林苑是秦朝建都咸阳时所修，汉时重建为宫苑，方圆300里，内建离宫70所，有飞禽走兽供帝王狩猎，有奇花异草供帝王游览。

汉武帝见到一棵树，连称好树，问东方朔叫什么树。东方朔也不认识，便按"好"的意思编了个名字，说："这树名叫'善哉'。"武帝不相信但不明说，私下里找人辨认这棵树，便暂时把这件事放下了。

过了几年，汉武帝又问东方朔这棵树的名字，东方朔也早打听过了，便回答道："叫'瞿所'。"汉武帝说："你这个东方朔，原来告诉我叫'善哉'，骗了我好几年。你说，是怎么回事？"

东方朔这才想起几年前他随口胡诌的"善哉"来。不过他很会辩白，说道："这并不奇怪，小时叫驹的，大了却叫马；小时叫雏的，大了却叫鸡；小时叫犊的，大了却叫牛；人也如此，小时称儿，大了却称老。那么这树，过去叫'善哉'，几年之后就该叫'瞿所'了。"

汉武帝听了，哈哈大笑，没再继续追究。

正是因为这些幽默，东方朔才能在汉武帝身边将自己的失误巧妙地掩饰过去，同时展现了自己的幽默和应变能力。因此，不管我们面对的是什么样性格、身份和地位的人，利用幽默为自己辩白都会比直接认错更容易得到对方的谅解。

案例101 聪明的侍者一句话逗笑怒气冲冲的顾客

有一个顾客在餐馆就餐，忽然发现菜汤里漂着一只苍蝇。他喊来侍者，嘲讽地说道："请问，这个小东西在我的汤里干什么呢？"

侍者弯下腰看了看，毕恭毕敬地回答："先生您看，它还在动，它这是在练仰泳。"

饭菜中的苍蝇绝对是令人十分厌恶和恶心的事情，无论侍者怎么解释，顾客恐怕都很难消气，眼看着一场冲突将在所难免。此时，只有幽默能"挽狂澜于既倒"，将自己从被批评的困境中解救出来，平息顾客的怒气。

案例 102　有"音"无"律"的电子琴让人哭笑不得

某小学要采购 5 台电子琴，因为音乐老师最近怀孕了，出门不方便，校长就派总务王浩负责。临行前，校长再三叮嘱："挑琴的时候千万别马虎，每台琴都要试试音。"王浩爽快地应下了。

这一天，王浩来到一家琴行，对老板说："我要买5台电子琴，质量能保证吗？"老板急忙笑脸答道："能，能，不信您自己试音。"忙活了一阵后，王浩吩咐老板将挑中的 5 台电子琴打包。

很快电子琴被运到学校，音乐老师接上电源，伸出纤指准备来个先弹为快。哪知刚弹一下就皱起了眉，又弹第二下，第三下，脸色立刻就阴沉下来了。她皱着眉头问王浩："这些琴你都试音了吗？怎么没有一台音律准确的琴？你肯定是被人骗了！"

王浩尴尬地笑了笑，说："我敢保证，每台琴我都亲手试过了，没有一个不响的音！不过'绿（律）'不'绿（律）'我就不知道了。"

王浩的一席话让音乐老师哭笑不得。

"音"倒是响，"音律"响不响就不知道了，校长让不懂音乐的王浩去采购电子琴，本来就是强人所难，王浩犯错也在情理之中。不过不管有什么理由，音律不准总是事实，音乐老师一定会对此十分不满，如果王浩直接推卸责任，只会导致矛盾。但是，王浩的幽默让场面发生了变化，音乐老师也不好意思再追究，于是商量着去找商家解决问题。

> **沟通技巧**
>
> 同样是道歉，直接表达可能会让人觉得我们是在找借口为自己推脱，或者是在敷衍应付。但幽默就不同，用幽默的方式来为自己辩解，不仅会让别人在笑声中原谅自己的过失，还会让自己的过失显得"理直气壮"。

五、5个妙招，让你做冷场时的幽默高手

我们可能都遇到过这种情况：在一些意外情况中，不知道说什么合适的话来救场；本来和朋友相谈甚欢，但突然就没有话题了；发表了某些意见或建议，却无法引起别人的共鸣或关注；面对新朋友无话可说……在许多场合中，由于性格的原因或者彼此之间不够了解，双方无法拥有共同的话题，结果出现"冷场"。这是交流中最难堪的场面了。此时就该幽默出场了，巧用幽默可以"暖场"，让冷场的冰块迅速融化，让气氛活跃起来。

一个小笑话，一个应景的自嘲，一个善意的玩笑等，都可以将场面重新活跃起来。

案例103　"我的前女友是金毛"——幽默跳出女友禁区

爱情总是容易让人陶醉，让人欢欣，甚至让人痛不欲生。刘雪就曾有过一场令人不堪回首的爱情。当时她已经与自己的男朋友定下婚约，可就在快要结婚的时候，她竟发现对方和前女友还保持着令人难以忍受的亲密关系。刘雪给了男朋友改正的机会，可他屡教屡犯，最终她失望地选择了放手。

一次，刘雪与第二位男朋友韩旷约会时，韩旷跟她开玩笑说："我这么优秀，你可要看好我呦，要不然说不定我就被前女友勾搭走了。"

没想到韩旷话一出口，刘雪不但没有接话，脸色还霎时间变得十分难看。韩旷知道自己误入对方的"雷区"了，赶紧补充道："你看我的前女友对我多好，我每天一进门就扑上来，吃饭还不挑食，就是经常把家里的东西弄得乱糟糟的，所以我就和我家的金毛分手了……"

还没等韩旷话音落下，刘雪就已经被他的话逗得喜笑颜开，"哈哈，你的前女友是你家狗啊？"

韩旷运用巧妙替代的形式，将话题转移到了自己家的狗身上，然后用幽默的感染力淡化了因自己说话不慎而造成的冷场，自然而然地活跃了气氛，赢得了心上人的开心一笑。

幽默是冷场的克星，是善意的表达，懂得用幽默打破冷场的人是真正的幽默高手。他们从来不会让自己和他人经受冷场的无奈和尴尬，更不会让自己的人际关系受到损失。很多情况下，幽默可以将冷场巧妙地化解，让大家在喜笑颜开中加深感情。

具体来说，冷场时的幽默妙招主要有以下5个。

第六章
扭转不利局面，用幽默巧妙摆脱困境

幽默妙招：
- 拿自己开玩笑
- 自信、自然
- 知识储备充足
- 来个冷笑话
- 信手拈来

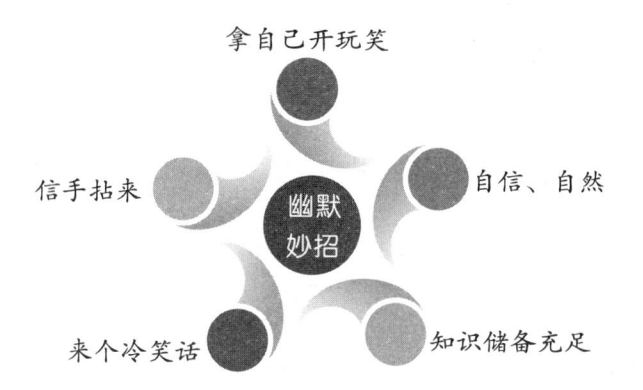

1. 拿自己开玩笑

要想化解冷场，不妨先"幽自己一默"，拿自己开个玩笑来逗笑大家。这样既不会得罪他人，也不会幽默效果太差让对方没有反应。不过，"自黑"一定要与当下的情况相关，不能毫无缘由地"自黑"，否则就会显得过于牵强，起不到应有的效果。

案例 104　幽默冷场不害怕，看贾玲金鹰节如何现场征婚

第十届金鹰电视节上贾玲现场助阵，将一个采访变成了脱口秀。她凭借着深厚的幽默功力，让一度冷场的采访现场迅速火热起来。

当时台下没有一个记者提问，贾玲孤零零地站在台上十分尴尬，然后她问："都没有问题啊？我已经不火成这样了吗？都没有点儿绯闻要问问吗？"

话音未落，全场爆笑，气氛一下子活跃了起来，场下的记者们起哄："自己说……"

"自己说啊？"笑了一会儿后，贾玲接着说道："32岁啦，一直没有男朋友，场下的记者朋友们有单着的吗？经纪人在那儿，一会儿别直接告诉我。大龄未婚的男青年长得帅的优先。"

有女记者调侃道："我旁边这两位就都是单身年轻男记者。"贾玲回答道："你别闹了，一看就知道他们是一对。"把记者逗得捧腹大笑。

接下来，场下的记者们询问了春晚等问题，让整个场面由"冷"转"热"，让人不得不佩服贾玲的幽默功力。

2. 自信、自然

冷场本来就令人不悦，如果自己的幽默再显得矫揉造作，只会让冷场更加严重。因此，化解冷场局面时要表现得轻松自然，不着痕迹地转移话题，让谈话在对方不知不觉的情况下由自己来主导。

3. 知识储备充足

没有知识储备的幽默就像无根之木，无源之水，绞尽脑汁用几个老掉牙的段子来应对，最后只能让气氛更加尴尬。有了丰富的知识储备便有了谈资，有了谈资便有了幽默的基础，我们不管遇到什么状况，都能想到合适的幽默来打开局面。

4. 来个冷笑话

也可以讲个冷笑话缓和气氛，再慢慢回到刚才的主题。但是，不宜讲太多的冷笑话，否则场面很有可能会更"冷"。当然，冷笑话最好与当下的环境有关，将自己或对方代入故事中，这样更能让自己的冷笑话产生趣味性。

5. 信手拈来

幽默的灵魂需要一双善于发现幽默的眼睛，不管身处何地，面对何人，都要能在双方的身上或周围的环境中找到化解冷场的幽默的源泉。这样幽默便能信手拈来，不被环境所限制，不被情绪所左右。

> **沟通技巧**
>
> 当沟通陷入冷场时，大家都会想办法活跃气氛，但往往是越刻意活跃气氛越没有效果。既然如此，不妨让自己直面冷场，将冷场当成幽默，比如："咱们这是冷场了吗？我长得这么帅你们竟然没人想和我说些什么吗？"

六、以谬制谬，谬误也能趣味横生

面对他人的谬论，如果我们一本正经地摆事实、讲道理，往往只是白费口舌，甚至可能被对方胡搅蛮缠。与其这样，我们不如暂时"默认"对方的谬论，然后从谬误之处出发，用同样荒谬的言语对其反戈一击。这样不仅会让对方大为意外，还可以断其后路，使其陷入自己的语言陷阱中。

为什么"以谬制谬"可以取得这么大的效果呢？原因很简单：当对方的"荒谬"在前，而我们的"荒谬"在后时，对方就失去了指责我们的机会，因为一旦其指责我们荒谬，那便意味着对方在"自己打自己的嘴巴"。

引申放大　　类比推导　　模仿对方

第六章
扭转不利局面，用幽默巧妙摆脱困境

1. 引申放大

将对方的谬论予以引申放大，使其变得极为醒目，以致对方和他人都觉得其荒谬可笑。这样一来，对方的谬误自然也就不攻自破了。

案例105 甘罗救祖父，十二岁神童解决了公鸡下蛋的问题

甘罗的爷爷是秦国的宰相。有一天，甘罗看到爷爷在后花园里走来走去，不停地唉声叹气，于是就问："爷爷，您遇到什么为难的事情了吗？"

"唉，孩子呀，大王不知听了谁的教唆，硬要吃公鸡下的蛋，命令满朝文武想办法去找，要是3天内找不到，大家都得受罚。"爷爷为难地说道。

"大王太不讲理了！"甘罗气呼呼地说道。他眼睛一眨，想出了一个好主意，高兴地说："爷爷您别着急，我有办法，明天我替您上朝好了。"

第二天早上，甘罗真的替爷爷上朝了。他不慌不忙地走进宫殿，向秦武王深施一礼。

秦武王很不高兴，说："小娃娃到这里捣什么乱，你爷爷呢？"

甘罗说："大王，我爷爷今天来不了啦，他正在家里生孩子呢，托我替他上朝来了。"

秦武王听后哈哈大笑，说道："你这娃娃，怎么胡言乱语！男人哪能生孩子呢？"

甘罗回答道："既然大王知道男人不能生孩子，那公鸡又怎能下蛋呢？"

12岁拜相的甘罗真可谓是古代少有的神童，他用"以谬制谬"的方法，巧妙地让秦武王放弃了自己无理的要求。在这个过程中，甘罗就是将秦武王"公鸡下蛋"的谬误放大开来，用"男人生孩子"的谬误来应对，让秦武王陷入自相矛盾之中，最后问题自然也就迎刃而解。

2. 类比推导

以对方的谬论为前提，运用类比法推导出另一个荒谬的结论，以此来揭露"前提"的荒谬。

案例106 伦琴面对邮寄射线的无理要求，机智制谬

19世纪，著名物理学家伦琴发现了伦琴射线。有一天，他收到了一封信，

对方说自己胸中残留着一颗子弹，希望伦琴寄给他一些伦琴射线和一份使用说明书。

来信者的要求显然有些无理，因为伦琴射线根本无法邮寄。本来伦琴可以直接指出其荒谬，但又唯恐让对方觉得自己居高临下，盛气凌人，于是他提笔写了一封回信："请把您的胸腔寄过来吧！"

伦琴以对方的荒谬为前提，运用类比法说出了一个比"邮寄射线"更荒谬的要求——"邮寄胸腔"，幽默地让对方明白伦琴射线根本无法邮寄，既避免了正面交锋，又为对方留有余地。

3. 模仿对方

仿拟对方的语言及思维，之后再将其运用于对方本人，使其在"自取其辱"后认识到自己言行的荒谬性。

案例 107　菲利普斯借力打力，让对方的观点不攻自破

19 世纪中叶，美国的废奴运动正在迅速开展，菲利普斯正是其中的一员，因此他经常到各地巡回演讲。

一次，一位牧师问菲利普斯："你要解放奴隶，是吗？"

菲利普斯："是的，我要求解放奴隶。"

牧师："那你为什么只在没有黑奴的北方宣传？干吗不去黑奴遍地的肯塔基州试试？"

"你是牧师，对吗？"菲利普斯反问道。

牧师回答道："是的，先生，我是一位牧师。"

菲利普斯接着问道："你正在设法从地狱中拯救鬼魂，是吗？"

牧师回答道："当然，这是我的责任。"

菲利普斯又问道："那你为什么不到地狱去拯救鬼魂呢？"

牧师认为一个声称要解放黑奴的人，只敢在没有黑奴的地方叫喊，肯定不是真心支持废奴运动的。菲力普斯采用"以谬制谬"的方式反驳了对方的观点，轻而易举地战胜了对方。可见，只要我们能够发现对方的谬误，就可以寻找适当的角度进行有力的反击，通过"以谬制谬"轻松地击败对方。

> **沟通技巧**
>
> 使用"以谬制谬"这种方式时，一定要根据对象的不同把握好尺度。比如，朋友开玩笑与对手辩论就大不相同。如果使用不当，就有可能因为杀伤力太大而给朋友造成伤害，或者由于力度不够而难以打击对手。

七、冷幽默，一本正经地胡说八道

冷幽默是一种淡淡的、不经意间自然流露的幽默。之所以称为"冷幽默"，是因为不仅要幽默，还要"冷"。冷幽默先是让人发愣、不解、深思，继而顿悟、大笑，是一种令人回味无穷的幽默方式。

由于冷幽默大多表面上无聊乏味，内容奇怪，实用意义不大，所以有的人常常对冷幽默无感。他们不但不觉得幽默，反而认为说冷幽默的人十分无聊。但是，对大部分人来说，冷幽默还是很有效果的，尤其是在一些正式场合，冷幽默比无厘头式的滑稽幽默更为合适。

冷幽默其实是一种非常需要技巧的幽默方式，它不但要符合逻辑，还要耐得住细品。简单来说，就是当某人讲了一个冷幽默的时候，表面上并没有刻意地要达到幽默的效果，而是显得十分正经，最后营造出来的却是幽默的效果。

案例108　英国绅士冷幽默应对谩骂

英国绅士似乎总给人以一本正经的印象，其实他们也不总是这样，偶尔也会来点儿不鸣则已、一鸣惊人的冷幽默。

二战时期，一位政府官员在某地举行公开演讲时，台下递上来一张纸条，上面只写了"笨蛋"两个字。一般人面对这种情况或许会勃然大怒或装作若无其事的样子，但这位官员是个聪明人，他神色自若、一本正经地对台下观众说："刚才我收到一封信，可惜写信人忘了写内容，只署了个名字。"

后来有一次，这位官员又在一场演讲中遭遇了尴尬。在他的竞选演讲进行到一半时，有人大声高喊："狗屎，垃圾！"

他先是粲然一笑，然后故作认真地说道："先生，不要着急，您提出的环保问题我马上就要谈到了。"

在演讲中遇到意想不到的情况时，如果直接发怒就显得很小气，而装作若无其事又会被他人嘲笑，于是一本正经的冷幽默就成了手中的利器。

冷幽默可以用来打趣、调侃、讽刺、戏谑，但最好不要用来刻薄地嘲笑。无论是讽刺还是调侃，都要语气平和，顾及对方的自尊心，这样才能让幽默来逗笑别人，而不是激怒别人。

另外，冷幽默也要适度，一定要把握好尺度和温度，千万不要不顾场合、不顾对象、不顾大小、没有分寸，否则自以为的幽默很可能会让对方产生反感。

> **沟通技巧**
>
> 冷幽默也要注意对方的理解能力，如果我们的幽默让对方思索良久后还不明白，那就只剩"冷"，而没有幽默了。因此，一些过于专业、生僻、晦涩的幽默最好不要轻易使用。幽默要尽量使用通俗的语言，便于大众接受，否则就容易造成冷场。

八、巧妙救场，为他人夺回面子

人穿衣裳一为御风挡寒，二为求得美丽，三为遮羞。为人处世，谁都会有出丑的时候，因此善于遮丑便成为一种不可或缺的能力。别人出丑，如果我们在旁边幸灾乐祸、落井下石，就会结下仇家，并为众人所不齿。如果我们能够主动地为别人打圆场，遮丑事，就能顺水推舟地承下不少人情。

当我们周围的人面对一些充满恶意的攻击或令人尴尬的场面而手足无措时，我们就可以发挥自己的幽默天赋。我们不需要站在对立的立场上与其硬碰硬，只需要换个角度用幽默来应对，这样就能帮助他人摆脱尴尬的处境，使现场气氛变得轻松起来。

锦上添花到处有，雪中送炭世间无。当别人风头正劲时，我们的夸耀可有可无，可当别人出丑时，我们的圆场就显得难能可贵。如果在交际中能为别人遮盖羞处，掩饰尴尬，对方肯定会对我们感激不尽。

案例109　助理老师巧用"难上的台阶"化解教授的尴尬

某教授到一所大学进行学术讲座，谈到兴奋之处，他便走下台与学生互动。而当他又走回台上时，不小心被台阶绊了一下，栽倒在地。许多学生都偷笑起来，教授也满脸通红，尴尬不已。

这时，另一位负责协助教授的老师赶紧站起来，说道："你们看，上一个台阶多么不容易啊！老师这是在用行动告诉大家一个道理：做学问就像上台阶，如果不努力的话就很容易摔倒。"

这位老师的话语顿时赢得了全场学生的热烈掌声，同时也帮助教授摆脱了尴尬的状态，使讲座得以顺利地继续下去。

第六章
扭转不利局面，用幽默巧妙摆脱困境

这位老师通过幽默巧妙地化解了教授因摔倒而造成的尴尬局面，不仅可以让讲座顺利进行，还能赢得教授和学生们的好感，可谓一举多得。由此可见，作为一种沟通的艺术，幽默可以帮助我们在特定的场合中轻松地化解他人的尴尬和窘迫，可谓是雪中送炭、暗室逢灯。

案例110　息事宁人，巧打圆场，诗人帮尴尬的老人解围

诗人严阵和一位青年女作家访问美国，在一个博物馆广场散步时，恰巧有两位美国老人在旁边休息。看见中国人来了，他们很热情地迎上来交谈。其中一位老人为了表达对中国人的感情，热烈地拥抱那位青年女作家，并亲吻了一下。这令青年女作家十分尴尬，不知所措。

这时，另一位美国老人抱怨那位老人说，中国人不习惯这种礼仪。那位拥抱过女作家的美国老人像犯了错误似的呆立在一旁。诗人严阵赶紧上前微笑着说道："尊敬的老先生，我觉得您刚才吻的不是这位女士，而是中国。"

那位尴尬的美国老人马上笑道："对，对！我吻的是中国。"就这样，尴尬气氛便在笑声中烟消云散了。

严阵一句话就帮那位尴尬的美国老人走出了尴尬的困境，这就是幽默的力量。当我们在交往中遇到尴尬的情况时，只要做到审时度势，巧妙地利用幽默的话语打圆场，就可以让谈话回归正途，还能为自己留下一个好人缘。

> **沟通技巧**
>
> 具体来说，我们可以从以下三个角度打圆场：找个借口，帮别人找个台阶下；侧面点拨，用好言外之意；转移话题，营造轻松的气氛转移大家的视线。需要注意的是，我们的目的是打圆场，而不是帮出丑者出头，千万不要在对立的双方中站队，而应该努力让各方心里都满意。

第七章

轻松拥有好人缘，提升气场的幽默交际法

一个具有幽默感的人，能时时发现事情有趣的一面，欣赏生活中轻松的一部分，建立起自己独特的处世风格和幽默的生活态度。这样的人让人想去接近，能使身边的人笑口常开，更能增添生活的光彩。幽默是社交成功的法宝，掌握了幽默交际法，我们就能提升自身的气场，拥有好人缘。

第七章
轻松拥有好人缘，提升气场的幽默交际法

一、让幽默做人际交往的"开门砖"

在社交生活中，每个人都可能会遇到这种情况：必须和一群不认识的人打交道。打破与陌生人之间的界限，消除无形的隔膜，顺利地把自己的意见或思想传达给他们，使其欣然接受并赞成拥护，甚至让其把我们当成朋友，要做到这些绝对需要高超的幽默技巧。

"一见如故，相见恨晚"，历来被视为人生一大快事。在现代社会中，人际交往越来越重要，无论工作还是生活都需要我们学会跟素昧平生者打交道。掌握"一见如故"的诀窍，不仅是人际交往中的重要部分，更对工作和学习大有裨益。

陌生人之间的交往在社交活动中占有很大的比例，社会交往最重要、最困难的地方就是接触更多的陌生人，将更多的陌生人转换为自己的朋友，进而为自己的人生开拓出一片光明的坦途。

案例111 漫画家方成：初次见面，"大闻酒名"

有一次，著名画家方成到山西汾酒酒厂参观。与厂方负责人初次见面时，厂方负责人欢喜地说道："先生，久闻大名啊，欢迎您的到来，这真是让我们工厂蓬荜生辉啊！"

方成说道："可我是大闻酒名啊！"

方成巧妙地将厂方负责人的"久闻大名"调换了位置，变成了"大闻酒名"，用谐音将永久的"久"换成了喝酒的"酒"，进行了巧妙的联想与对接。他在幽默中既表达了自己的谦虚与真诚，又对汾酒进行了夸奖与赞美，可谓是妙语双绝。

案例112 乌克兰诗人谢甫琴科妙答沙皇

一次，沙皇下令召见乌克兰诗人谢甫琴科。宫殿上，文武百官都向沙皇弯腰鞠躬，只有谢甫琴科凛然直立。

沙皇大怒，问道："你为什么不向我弯腰鞠躬？"

谢甫琴科冷笑着说："陛下要见我，我要是像他们一样弯腰鞠躬，您怎么看得清我呢？"

与沙皇初次见面，谢甫琴科就用自己的幽默口才折服了他，真不愧是乌克兰著名的诗人。当我们与他人初次见面就被对方的气势所压制时，就需要适当的反击，让自己摆脱不利的境地，否则将一事无成。

案例113　幽默风趣的自我介绍开启双方正式谈话的第一步

一位名叫吴美锦的女士每次都能利用初次见面的机会给他人留下美好的第一印象，她在自我介绍时说："我姓吴，口天吴，名叫美锦，美国的美，锦旗的锦，合起来就是吴美锦。如果大家不明白名字的意思，那试着读一读就好了，'吴美锦''无美金'，意思就是我没有美金，希望大家美金多了能给我一点儿，扶扶贫。"

美国政治家查尔斯·爱迪生在竞选州长时，不想利用父亲——大发明家爱迪生的声誉来抬高自己。于是，他在做自我介绍时这样说道："我不想让人们认为我是在利用爱迪生的名望，我宁愿让你们明白，我只不过是我父亲早期实验的结果之一罢了。"

自我介绍时，我们不妨花些心思和时间，把自己的名字或其他方面的信息事先设计一下，这样更容易引起对方的注意，让我们的社交更有效率，能够结识更多的朋友。

虽然一见面就幽默略有刻意营造的痕迹，但这并不妨碍它缓和气氛的作用。双方你来我往，不经意的几句玩笑话就能让沉闷的气氛一扫而光，建立起便于沟通的桥梁。初次见面尤为重要，双方需要一阵寒暄才能进入正题。如果我们能够恰当地运用一些幽默化的语言，就可以给双方的关系涂上一层"润滑剂"，消除初次见面的陌生与不适。

> **沟通技巧**
>
> 幽默并不是毫无底线，一些必要的礼节还是不可缺少的，尤其是在初次见面的时候。敬语、握手、谈吐等要和幽默结合为一体，不能顾此失彼。如果只顾幽默，却在无意中做出一些无礼的言行，那所有的努力都将功亏一篑。

二、幽默式赞美，令对方舒心加开心

每个人都喜欢听到别人对自己的赞美，这是人的本性。如果一个人受到别人的赞美，就会感到十分满足，并对赞美者产生好感。"良言一句三冬暖"，赞美如同和煦的阳光，暖人心扉；又如微风细雨，润人心田。幽默能使赞美生动、活泼，让人耳目一新。如果我们能在赞美中适当地注入一些幽默元素，就会让自己的赞美更加受人欢迎。

如果说赞美是一窗春日的晴空，那么幽默就是空中飘飞的纸鸢，更添生机；如果说赞美是一汪甘洌的清泉，那么幽默就是水中嬉戏的游鱼，又添灵动；如果说赞美是一阵柔和的轻风，那么幽默就是随风摇曳的野花，再添清香。

案例114 丈夫称赞妻子厨艺好：餐馆要关门大吉了

一对新婚燕尔的夫妇生活得十分甜蜜，他们对新生活的热情很高，每天都努力地工作，用心地经营生活，更难能可贵的是妻子有一手好厨艺，做的饭菜特别好吃。

一天，妻子照旧兴高采烈地把饭菜摆上了桌，丈夫表现出对妻子的崇拜状，赞美道："你真是会做饭的好老婆啊！这样下去，估计我们附近的餐馆该关门大吉了。"

"渴望被人赏识是人的天性。"一句赞美的话语足以让经受油烟摧残的妻子开心和满足。这种幽默式赞美让妻子欣慰于自己的劳动成果得到了肯定，同时也能让她对丈夫的好感倍增。这样一个懂幽默的丈夫和一个有手艺的妻子在一起生活，既能享受美味，又能享受幽默，怎么会生活得不开心呢？

案例115 两个巨人的互相赞美：卓别林和爱因斯坦

爱因斯坦一直很欣赏幽默大师查理·卓别林的表演，为了表示自己的喜爱与赞美，他在给卓别林的信中写道："您表演的电影《摩登时代》，一定会让您成为一个伟人的，因为您的表演让世界上的每一个人都能看懂。"

卓别林回信道："您才是更加令人敬佩的人，因为您已经成为一个伟人了，当世界上还没有人能读懂您的相对论的时候。"

爱因斯坦不仅是个科学家，还是懂得幽默情趣的科学家。他通过人们对《摩登时代》的感受来幽默地称赞卓别林表演的成功，也暗含了自己对卓别林由衷的钦佩之情。卓别林对爱因斯坦的称赞心知肚明，所以对他的幽默夸赞投桃报李，同样从人们的感受出发幽默地夸赞了爱因斯坦在相对论上的建树。

幽默式赞美可以令对方在接受我们的赞美时感到快乐和欢欣，它可以帮助我们在轻松、愉快的氛围中拉近与对方的关系，提升对方的自我满足感以及被认可的价值。同时，幽默式赞美又十分轻松、自然，不会让对方对我们的赞美感到尴尬或不好意思。

案例116　非常点评：韩寒——作家中车开得最好，车手中书写得最棒

在一期《鲁豫有约》中，主持人鲁豫采访了80后作家兼赛车手韩寒。在采访过程中，鲁豫夸赞韩寒："人们说，在所有作家中，你的车开得是最好的；在所有的赛车手中，你的文章是写得最棒的。"

总之，幽默是一个人能力的反映，赞美也是一个人能力的反映。然而，并不是每个人都能同时兼有两者的口才能力，有的人因缺乏幽默使赞美变成乏味的拍马屁，还有的人因缺乏赞美使幽默变成了讽刺。因此，我们要学会适当地给予他人幽默的赞美，赢得他人的欢心。

首先，要学会旁征博引，从生活中认真学习并发现幽默的存在形式，练习并掌握这些幽默形式；其次，要保持谦虚谨慎的态度，多给他人表现的机会，这样幽默式赞美就是手到擒来的事情了。

> **沟通技巧**
> 夸赞别人也不能无所顾忌，我们应该本着一颗真诚的心去赞美别人，不要让对方觉得我们言不由衷。另外，夸赞的内容应该是对方最为在意的，如专业、家庭、相貌等，这些方面的赞美能容易满足其自尊心，让其感受更加直观，更加强烈。

三、安慰不如幽默，幽默让对方破涕为笑

人生不如意事十之八九，生活中总有许多遭遇不幸的人需要我们的安慰。或是失业下岗的朋友，或是身患重病的亲戚，或是经历婚变的同事，或是遭遇事故的同学，面对困境中的他们，我们应该如何伸出自己的安慰之手呢？

面对他人的不幸遭遇，我们会情不自禁地产生同情之心，希望自己的安慰能减轻对方的痛苦。但是，很多人并不知道如何宽慰对方，或是沉默不语，错失关心的机会；或是词不达意，加深对方的痛苦。

那么，如何安慰才能最大程度地表达自己的鼓励和支持，减轻对方遭遇不幸的痛苦呢？不妨试试幽默安慰法，运用诙谐幽默的语言来安慰对方，让其在笑声中忘却自己的痛苦和烦恼。

案例 117　幽默与安慰同行，逗笑卧病在床的同事

李水因工作劳累生了病，卧床不起，同事刘金、张明和陆昂去他家看望他。见同事们都来看望自己，李水非常感动，但又不免伤心地说道："唉，这病真气人，不但影响自己的工作，还耽误了妻子上班，就连你们也为我分心。"

满身都是幽默细胞的刘金马上说："没事，专家说一个人一年得两次感冒有利于身体健康呢！你看我，想得都得不了。"说完他还做出一副遗憾的样子。

张明也安慰李水说："你多么幸运啊，能躺在家里休息休息，但愿我也生点儿病，能像你一样在家里放松几天。"

"是啊是啊，我每次生病，妻子都说我终于有机会陪陪她了。"陆昂俏皮地说，"我真遗憾没得感冒啊！"

幽默是一种智慧的表现，一句开心的话，一个轻松的动作，都能让人感受到安慰的幸福。比起其他的安慰方法，这种用幽默的话语安慰病人的方法往往更能让其接受。

案例 118　医院"老兵"现身说法，给病人带来笑声

李志光带着家属一起去探望因旧病频频复发而第五次住院的老朋友，他以自己战胜病魔的经历安慰老友。

"这个阵地（医院）我非常熟悉，因为我曾经是这里的'老兵'，在这里'战斗'了12个月，对这里的各种'敌情'了如指掌。我'沉着应战'，毫不气馁。有时我自己提着输液瓶上厕所，被病友称作是'三顾茅庐'；有时三五天不能吃饭，如同'弹尽粮绝'；有时接连几天睡不着觉，与病魔'昼夜奋战'。300多个日日夜夜，我就这样'枕戈寝甲'地过来了。如今我不是已经'胜利归来'了嘛！你尽管是第五次'战役'了，但只要像我这样'不断战斗'，就一定会大获全胜！"

一番话说得老朋友和同室的病人都乐了，大家的心情也都轻松起来，老朋友的病也似乎轻了几分。看来，对病魔缠身的人来说，比药物更急缺的是欢快的笑声。

人生在世，总会遇到诸多的不幸。当我们过着健康幸福的生活时，千万不要忘记周围人的痛苦和不幸，及时给他们送上自己的安慰和祝福，必定会让其对我们心怀谢意。

> **沟通技巧**
>
> 很多时候，安慰他人都是在一种比较悲观的情调中进行的，因此我们的幽默性安慰必须带有一定的严肃感。在一些不幸事情中，如果我们过于轻佻、随意，就会让对方觉得我们对其不够尊重，那可就是得不偿失了。

四、说服对方，晓之以理不如动之以"笑"

我们与人交谈时常常抱有一定的目的，其中多半是为了说服对方。如何说服对方？自然是运用语言的艺术，但有时直截了当地阐明自己的思想或观点并不能让对方接受，甚至还可能引发矛盾，使双方陷入尴尬的境地。此时我们不妨运用间接的、令人发笑的语言艺术——幽默。

恰如其分的幽默可以让人摆脱窘境，缓和紧张的谈话气氛，让对方在笑声中接受我们的观点。我们可以在突出思想性的前提下，用生动、活泼的语言表现我们的睿智和风趣，以增强说服的吸引力、感染力和有效性。

案例119　方法意味着奇迹，聪明的老人幽默劝阻胡闹的孩子

一群孩子常常在小区楼后一辆报废的汽车上乱蹦乱跳，"嘭嘭"之声震耳欲聋，大家越是劝阻，孩子们越是蹦得欢。大家都毫无办法，只能忍受着这噪音。

一天，一位聪明的老人搬到了这里，他同样对这群孩子的胡闹感到不满。后来他想到了一个好办法，对孩子们说："我们今天比赛，看谁蹦得欢，谁蹦得欢我就奖给谁一支玩具枪。"孩子们大喜，争先恐后地蹦着，那个蹦得最欢的孩子果然得了一支漂亮的玩具枪。

第二天，老人又来了，他说："今天继续比赛，奖品是三颗巧克力。"孩子们见到奖品的价值大跌，一下子变得兴致怏怏，愿意尽情蹦上一番的孩子变得寥寥无几。

第三天，老人又说："比赛继续，这次的奖品是一块奶糖。"孩子们听了大失所望，一下子散开了，而且打这儿起再也没有孩子愿意来这里"又蹦又跳"了——因为他们已经坚信：与一块奶糖等值的蹦跳无异于犯傻。

在这个案例中，老人就是运用幽默的方法让孩子们认为"又蹦又跳"是一种犯傻的廉价行为，这样一来他们自然会放弃"廉价的蹦跳"。可见，采用幽默的方式比板起面孔教训他人的效果要好得多，幽默的方法不仅能使问题得到圆满的解决，还能表现出自己的幽默口才和人格魅力。

案例120　笑里藏"道"，如何住进总统套房？

有一次，霍夫曼乘飞机到墨西哥城参加一次商业谈判。当他抵达目的地后才发现酒店已经客满。

面对这种情况，霍夫曼自然不会就此罢休。他找到酒店经理，问道："如果墨西哥总统来了，你们会怎么办？你们肯定会为他提供一个房间的，对不对？"

"当然，先生。"

霍夫曼一听，笑着说道："好吧，总统没有来，所以我就先住他那间吧！"

就这样，经理被他的机智和幽默折服了，霍夫曼顺利地住进了墨西哥总统的套房。但是，经理提出一个附加条件：如果总统来了，他必须立即让出。当然，这种可能性几乎为零。

在这个案例中，霍夫曼先是和经理开了一个玩笑，假设总统到来肯定会有房间的，以此来证明酒店还是有房间的。然后话题一转，既然现在总统没来，那就先由我来暂住吧。这样的机智幽默可谓巧妙至极，面对这么聪明、有趣的人，酒店经理又怎么忍心拒绝呢？当然，前提是当晚墨西哥总统不来。

案例121　世界上"最快"的理赔速度，用幽默打败竞争对手

美国有两家保险公司的业务员在推销其公司的保险业务时，争相夸耀自己公司的服务如何周到，理赔如何迅速。

A公司的业务员说："我们公司在意外发生的当天就能把理赔送到投保人的手中。"

B公司的业务员不甘示弱道："那算什么！我们公司在一幢40层大厦的23层。有一天，我们的一位投保人从顶楼不小心摔了下来，当他坠落到第23层时，我们就已经把理赔塞到了他的手里了。"

结果，B公司的那位业务员赢得了更多的客户。

这虽然只是个笑话，却能让人感受到幽默的魅力。聪明者都懂得利用各种幽默方式来装饰自己的语言，使其更具魅力。如果想让对方顺利地答应自己的要求，需要的不只是从逻辑上说服他，更要逗笑他。

案例122　调皮妻子挖坑，丈夫防不胜防

妻子："亲爱的，你能把昨天晚上换下的衣服洗一下吗？"

丈夫："不，我还没睡醒呢！"

妻子："我只不过是想考验你一下，其实衣服我都已经洗好了。"

丈夫："我也只是和你开个玩笑，其实我是很愿意帮你洗衣服的。"

妻子："我也是在和你开玩笑，既然你愿意洗，那就快去洗吧！"

丈夫此时不得不佩服和欣赏妻子的幽默和情趣，心甘情愿地去做自己本来不愿做的家务。

一个人心情的好坏影响着他的外在行为，当他开心的时候就会愿意去做一些自己平时不愿做的事。当妻子利用幽默的语言让丈夫心情愉悦时，他自然会乖乖地去做妻子想让他做的事情，如洗衣服。

亚里士多德说，"幽默有时比智慧的辩论更有说服力。"当我们希望说服别人答应自己的要求时，切勿单刀直入，而要先幽默一番，开一下玩笑。当对方被我们逗笑的时候，那我们的请求可能会更容易获得对方的同意。

> **沟通技巧**
>
> 幽默说服术是建立在平等的基础上的，如果我们表现得盛气凌人，那无论自己的话语多么幽默，都无法逗乐对方，更别提说服他了。因此，要学会利用平等思维，让对方感觉到我们对他的尊重，切勿将自己的幽默变成胡搅蛮缠或者无理取闹。

五、不动声色地讲故事，笑容越少越幽默

幽默最重要的一点就是拉开笑声与谜底之间的距离，不动声色的幽默技巧正是在这个距离里"做文章"。越是脸上流露出笑容，越会减少幽默的效果；越是装出若无其事的样子，幽默越是成功。

幽默最直接的作用就是令人发笑，越是可笑，越有幽默的效果。但是，发出笑声是听众的事情，而不是幽默者自己的事情。讲述幽默的人越是沉不住气，越在脸上表现出惊奇、流露出笑容，越会减少幽默的效果。中国清代有一本专门研究笑的专著叫作《半庵笑政》，其中有一篇《笑忌》，明确提到不可"先笑不已"。

第七章
轻松拥有好人缘，提升气场的幽默交际法

幽默往往建立在荒诞与真实的反差上，而不动声色的幽默技巧正是为了增加这种反差感，从而增强幽默的效果。那么，如何才能做到不动声色地幽默呢？

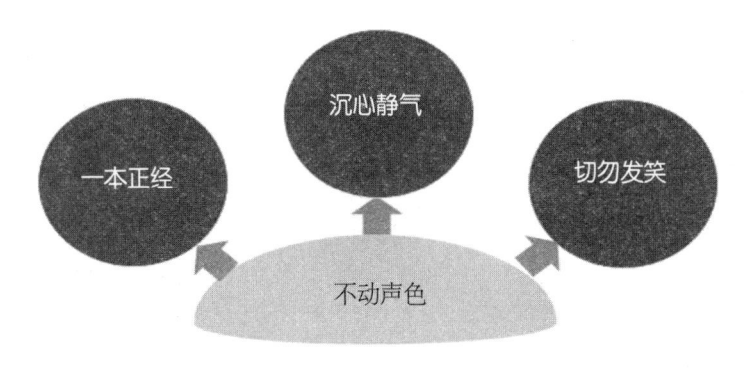

```
        沉心静气
  一本正经        切勿发笑
        不动声色
```

1. 一本正经

不动声色的幽默要求讲述者老老实实、一本正经地讲出事情真相，或者装出一副很愚笨、迟钝的样子，以此制造故事与讲述者之间的反差感。这样一来，听众在讲述者的认真表情和内容的荒诞离奇中会感受到更多的幽默元素。

2. 沉心静气

案例123　同一个笑话的两种讲法，反差越大幽默越大

医学院教授给实习生讲课："为了做出更准确的判断，我们必须了解病人的遗传病史。"第二天，一名实习生问一名刚送来的病人："你的腿怎么伤的？"病人回答："汽车撞的。"实习生问："你父亲和祖父被汽车撞过吗？"

这则笑话能不能把听众逗笑，很大程度上取决于讲述者。有两个人在和朋友聊天时讲了这个笑话，其中一个人讲的时候认为朋友会感到可笑，所以自己讲述的时候先笑了起来，结果朋友虽然也笑了，但效果一般，气氛有点儿尴尬。而另一个人则不动声色，装出一本正经的样子，很有一种"冷面笑匠"的神态，很明显他的讲述更容易引起朋友的大笑。

荒诞与正常、愚笨与机智之间的对比或反差是构成幽默的最好要素，一面讲一面笑就减少了这种反差，让一个很可笑的故事变得索然无味。如果讲故事的人显出笨拙、迟钝的样子，就会大大加强反差感，自然也就增强了幽默的效果。

这种幽默方式的关键点在于"不动"，无论自己的话语多么让人想笑，我们都要沉心静气，做出一副若无其事的表情，仿佛讲故事的人不是自己。正如相声演员方清平，说相声时总是一本正经，在台前始终不笑，甚至被指为"面瘫"，有点儿慢半

拍的感觉，这为表演和包袱营造了很大的反差，会让观众觉得更搞笑。

那么，怎样才能做到沉心静气呢？

沉心静气
- 遇事不要慌张，在稳中找方法，锻炼自己处事的平稳心态
- 与人交谈时，注意语气平缓，言语温和，心平气和地遣词达意
- 多做养气凝神的运动，锻炼自己心平气和的心态

3. 切勿发笑

运用幽默方式时，最大的忌讳便是讲述者自己发笑，不管是在讲述之前，还是讲述之后，一旦发笑就会影响效果。很多人在讲幽默故事时总会沉不住气，自己先哈哈大笑起来，结果幽默感被破坏得无影无踪。而且讲故事时一边说一边笑，不仅达不到幽默的效果，还让人觉得莫名其妙。

如同一位法国作家对查理·卓别林的评价："卓别林让我们笑得热泪盈眶，使人不得不笑，他能使安格鲁人、撒克逊人、中国人，以及老老少少的人发笑，然而他的幽默是并不完善的，因为有一个人从来不笑，这个人就是卓别林自己。"

幽默的最高境界就是笑料百出却不为所动，段子频频还一本正经。正如马克·吐温所言："把聪明放在脸上只能破坏幽默，而把傻相放在脸上却能强化幽默。"

沟通技巧

> 每个人的笑点是不一样的，有的人很难被逗笑，有的人却很容易。因此，我们要经常锻炼自己对笑的忍耐力，多看一些笑话或喜剧，让自己对幽默产生一种免疫力，这样才能使自己不再那么轻易地被自己尚未说出口的幽默逗笑，从而成为一个"冷面笑匠"。

六、比有趣的灵魂更难得的是发现有趣

幽默是有效的万能药，又或是天然的百忧解。它能让人们忘记忧虑，恢复一种积极、健康的生活态度。更让人感叹不已的是，一些经典幽默其实是源于真实生活中的小故事，而这些故事就发生在普通人身上。

但是，这些源于真实生活的幽默故事，为什么无法让我们开心呢？原因在于我

们缺少一双善于发现的眼睛。有的人天生就善于发现事物积极的一面，而有些人则习惯于对发生在自己身上的所有事情都抱有一种"没希望"的态度。

也许无趣的不是这个世界，而是我们还没有学会在无趣的世界里找到有趣的生活方式。那些善于幽默的人就是利用一种卓越的才能来发掘他们生活中的喜剧元素，他们会细心观察身边所发生的一切。通过这种观察，即使在最平淡的生活中，他们也能提取出很多有趣的生活笑点。

"好看的皮囊千篇一律，有趣的灵魂万里挑一。"其实，比有趣的灵魂更难得的是拥有一双善于在平凡中发现有趣的眼睛。有趣不单是幽默，还是能苦中作乐，能在尘埃中开出鲜花，又能简简单单地化解尴尬。

案例 124　梁实秋"奉命跳加官"，一番话驱散全场师生的不快

大学校长刘真请名人到校演讲，某名人因故迟到。刘校长想缓解一下会场上师生们等待的不耐烦情绪，便请在座的梁实秋上台讲几句话。

梁实秋本来不愿充当这类角色，但顾及校长的情面，只好无奈地走上台，慢吞吞地说道："过去演京戏，往往在正戏上演之前，找一个二、三流的角色上台来跳跳加官，以便让后台的主角有充分的时间准备。我现在就是奉命出来跳加官的。"

梁实秋的这一席话引得全场哄堂大笑，师生们因等待而生出的不快气氛也顿然消失。

有趣是生活和工作中的小幽默和恰到好处的抖机灵，无论是严肃的讲座，还是轻松的闲谈，幽默都是不可或缺的佐料。只要我们保持一种积极、乐观的人生态度，无论在什么样的场合都不会缺少幽默。

案例 125　苦中取乐，幽默老人的"平衡理论"

某位左脚微跛的老人在一次出门时遇到了车祸，虽然没有出现生命危险，但也多处受伤。一位朋友听说后来医院看望他，问他："感觉怎么样？"

老人笑着回答道："还不错，因为以后我的两只脚再也不会不平衡了。"

朋友惊讶地问道："怎么？难道你的左脚治好了？"

"不是，是因为我的右脚也跛了。"

或许态度不能改变已存在事实，发生在我们身上的不幸遭遇也不会因为我们的

乐观而消失。可是，幽默的生活态度却可以将我们从消沉、痛苦的束缚中解救出来，为自己和身边的人们打开一扇新的窗户。

案例126　把"训斥"当成"夸奖"，幽默同事从幼儿园"进步"到小学

王越所在公司的经理脾气很坏，动不动就冲下属发火。这一天，王越拿着一份刚拟好的文件去给经理看，结果经理大发雷霆，"你写的这是什么东西，我看只有小学生的水平！"

办公室外面的同事们听到经理的怒吼，吓得大气都不敢出，可这时王越却面带微笑地从经理办公室走了出来。大家都好奇地看着他，不明白他在笑什么。面对同事们的疑惑，王越解释道："上次经理说我只有幼儿园水平，这次说我有小学生水平了，看我进步多快啊！"

身处逆境还能微笑面对的秘诀就是善于发现其中的有趣之处，顺藤摸瓜地找到"笑点"。无论是工作不顺、感情受挫，还是家庭不睦、意外频频，我们都可以从中找到值得发笑的地方。一念天堂，一念地狱。选择怎样的态度，决定了我们会过怎样的生活。

> **沟通技巧**
>
> 幽默的实质就是面对不同环境所采取的乐观态度。假如我们把事情看得过于严重，眼前便一片灰暗；反之，假如我们能够轻松地应对一切艰难，就会发现生活中充满了各种各样有趣的事情。而只有当我们的眼前充满有趣事情的时候，自己才能变成一个幽默、有趣的人。

七、展现幽默的涟漪式效果

往一片平静的湖水里扔一块石头，泛起的水波纹会逐渐波及很远的地方。当我们把幽默投进自己的生活时，也会产生同样的涟漪，使我们的信息大规模扩散，影响越来越多的人。

案例127　幽默散布广度：一个笑话能传播多广

麦克·马金尼是一家幽默杂志社的编辑，他曾经做过一个探讨幽默散布广

第七章
轻松拥有好人缘，提升气场的幽默交际法

度的实验：

"早上，我进入编辑部大楼时，把准备好的一则笑话讲给了我的一个同事听。当我下班离开时，我听到有人在谈论我讲的那则笑话，甚至还有人将其再讲给我听。虽然形式上稍有变化，但内容上基本一致。

"于是，我产生了一个想法，想弄清究竟有多少人在一天中听到了这则笑话，但我发现这是无法用确切的数字来表示的。这栋大楼中的人在一天中接触了多少人，这则笑话就有可能流传多广。更重要的是，每一个转述我的笑话的人都会因此增进自己的人际关系。"

现实生活中也是如此，有些人我们一见到他们就感到愉快，会情不自禁地露出笑容；而有的人则恰恰相反，即使他们讲了一个十分幽默的故事也很难赢得我们的笑容。为什么有些人一出现就能引起我们的愉快感觉呢？因为他们曾经给我们带来过愉快，并在我们的心中留下了诙谐有趣的印象，当我们再次见到他们时自然会想起有关他们的幽默。

因此，如果我们想让自己成为一个大家眼中幽默的人，就要将自己的幽默故事传播出去，让更多的人了解我们的有趣。当我们的幽默形象建立起来以后，再幽默时便会事半功倍。

在大多数的信息传播中，人群其实就像浪花一样，看起来微不足道，但推波助澜，能起到意想不到的作用。如果想让自己的某些观点或自身形象得到更多人的认同，我们可以通过一系列的幽默方式将其扩散开来。

只要我们制造出幽默的涟漪式效果，那所传达的信息和自身的形象都将被更多的人所接受。这样我们拥有的就不只是幽默，而是社会交往中的一种影响力。

> **沟通技巧**
>
> 要想实现幽默的广泛传播，必须保证自己的幽默故事确实有趣，有被大家接受并传播的潜力，而不仅仅是一笑了之。幽默本身必须具有一定的穿透力，使不同职业、年龄、性别的人都能从中获得快乐，这样才能让幽默扩散到更远的地方。

第八章

老师不会教但社会很需要的职场幽默法

幽默口才是社交的需要,更是事业的需要,一个不会说话的人很难成为成功者。在职场中,打出幽默这张牌不仅能够提升自己的人缘,更有助于事业的发展。做个职场中的开心果,把老板、同事、下属和客户都逗开心了,那么升职、加薪、订单还会远吗?

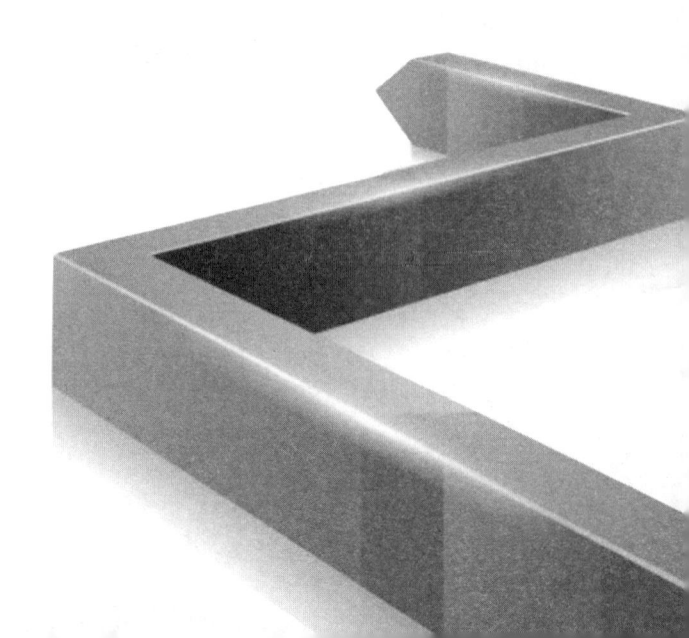

第八章
老师不会教但社会很需要的职场幽默法

一、与上司幽默，掌握职场幽默化生存"四大方程式"

对许多职场人士来说，最大的苦恼莫过于工作十分努力，却得不到应有的回报。不可否认，工作努力、认真是获得上司青睐的前提，但只懂得埋头苦干的员工往往难以得到上司的赏识。

那么，如何才能改变这种情况，摆脱徒劳无功的困境，引起上司的重视呢？

巧妙拒绝　　提醒暗示

自我推销　　职场幽默技巧　　委婉建议

1. 自我推销

俗话说"是金子总会发光的"，但在当今社会，如果我们缺乏自我推销的能力，那么即使自己是真金白银，最后也会遗珠蒙尘。虽然能力仍然是我们的重要依仗，但自我推销这块敲门砖也不得不引起重视。有些人虽然才华横溢，却因言语不当而屡屡受挫；有些人虽然才智平庸，但是诙谐幽默，讨人喜欢，很受上司的赏识。因此，当我们在向上司自我推销时，如果能适当加入一些幽默成分，沟通效果将会大大不同。

案例 128　机遇偏爱幽默者，青年巧妙"推销"自己

青年李硕到一家报社应聘编辑工作，他找到一位负责人问道："你们需要一名好编辑吗？"

"不需要！"

"那么记者呢？"

……

"不，我们这里现在什么空缺也没有！"

"那么，你们一定需要这个东西。"李硕拿出一块精致的牌子，上面写着："额满暂不雇用。"

这位负责人十分惊讶李硕的创意举动，便立刻打电话把这件事情汇报给社长，随后微笑着对李硕说："如果你愿意，请到我们广告发行部来工作。"

李硕用幽默推销自己，终于打破了僵局，找到了称心的工作。

说话人人都会，但说得动听、说得有趣就不是人人都会了。要想给上司留下深刻的印象，就要懂得说话的艺术和幽默的技巧。就像案例中的李硕一样，懂得用幽默来包装自己，展现自己的才能。这样聪明的员工，谁会忍心拒之门外呢？

2. 巧妙拒绝

在工作中，对于上司提出的要求我们不能一味地答应，而要学会适当的拒绝。有些人因为担心这样会引起上司的不满或批评，所以难以拒绝，结果自己陷入忙碌无功的境地。其实我们完全可以为自己的拒绝披上一件幽默的外衣，这样不仅能够维护上司的面子，还能为自己解围，可谓一举两得。

案例129　员工用"加量不加价"婉拒老板要求

因为公司业务扩张，人手不够用，于是上司找到赵杰说："你个人工作能力很强，再给你个项目管吧！"但是，上司也没有给他加工资的意思。

赵杰目前已经负责两个项目了，十分忙碌，实在不愿意再多接受任务，何况又不多加工资。他既不愿意承受太多的压力，也担心因为精力不足而出错，但又不好意思直接拒绝上司。于是，他委屈地对上司说："我不是雕牌，也不是立白，您不能让我做这种加量不加价的事情啊！"

面对上司提出的不合理要求，赵杰幽默地将自己比作洗衣粉，用"加量不加价"来表达自己的不满，婉言拒绝的同时，也使上司明白了赵杰的想法。因此，当我们对上司提出的不合理要求不满时，不妨通过幽默的语言巧妙拒绝，既不影响双方的关系，又能转移上司的不快。

3. 提醒暗示

"人非圣贤，孰能无过。"再优秀的上司也有出现失误的时候，面对上司的失误，我们是选择视而不见，还是直言相告呢？视而不见固然无错，但也无功，说不定还会受到牵连；直言相告又容易引起上司的厌烦，让自己陷入不利的境地。此时，最好的办法就是利用幽默巧妙地指出上司的错误，让其心悦诚服地认识到自己的失误。

案例130　雇员与经理的不同看法：我们会换个新教练

产品销售会上，销售额令人沮丧。销售经理训斥销售员们："我已经看够、听够了你们拙劣的工作水平和理由。如果你们无法胜任这项工作,会有人替代你们,卖出这些你们每个人都应引以为荣的有价值的产品!"然后,他对新雇员——一名退役足球队员说道:"如果一支足球队在比赛中总是不能取胜,会怎么样?队员们都得被撤换掉,不是吗?"

几秒钟沉默后,这名前足球队员回答道:"经理,如果整个队伍都有麻烦的话,我们通常只是换个新教练。"

一个人的销售情况不佳可能是自身原因,而所有人的销售情况都不好,那就很可能是领导的原因了。这位经理想借用新雇员之口来批评下属,可没想到下属并没有按他的意思来。这位新雇员借用足球队的管理暗示出经理的不足,提醒他换个角度思考问题,让经理不得不考虑自己的失误与不足。

4. 委婉建议

工作中,我们难免要向上司提出一些自己对工作的看法或建议,此时如果想使自己处于"进可攻、退可守"的优势地位,甚至让自己立于不败之地,就需要借助幽默的力量,含蓄、委婉地将自己的建议提出来。

案例 131　士兵用"丰盛的大餐"表达对军中伙食的不满

一天清晨,一位将军去兵营视察,顺便询问了士兵们的早餐状况。大多数士兵都含糊其词地说"还行""不错"。只有一位士兵一脸满足地说:"一杯牛奶、一个鸡蛋、一个三明治、一盘水果、一碗麦片粥、两个夹肉卷饼,长官。"

将军听了之后,非常疑惑地对士兵说:"这简直和将军们的伙食一样丰富。"

随后,这位士兵毕恭毕敬地回答道:"确实,长官,我说的就是将军们的伙食,不是我们的。"

视察结束后,将军立刻下令改善士兵们的伙食待遇。

这位士兵幽默地表达了自己对军中伙食的不满,不仅让将军清楚了士兵们想要的伙食标准,还让将军愉快地接受了自己的意见。可见,只要善用幽默,下属向领导提要求也会顺利地达到自己的目的。

> **沟通技巧**
>
> 需要注意的是,与上司之间的玩笑更要注意尺度,许多可以和同事开的玩笑就不能与上司开。如果我们不顾尺度,在上司面前把玩笑开得太过,就会有损其身为领导者的权威。当上司感到自己的威严受损时,我们的日子自然也就不好过了。

二、与同事幽默，偶遇冲突，亦能一笑泯恩仇

在工作中，同事之间难免会发生摩擦，总会遇到一些令人难堪或尴尬的场面。这时，有的人暴跳如雷、针锋相对，有的人恶语相加、讽刺打击，有的人茫然无措、惊慌不已。如果我们学会幽默的沟通技巧，就能轻松地"一笑泯恩仇"。幽默的语言可以使双方内心的紧张和重压释放出来，化作轻松一笑。

幽默是一种技巧，是化解紧张气氛的"调和剂"，可以轻松化解同事之间的冲突，掌握这种技巧的人必然会赢得同事的信赖与尊重。因此，我们可以使用幽默来降低人与人之间的"摩擦系数"，化解冲突和矛盾，从容地摆脱沟通中可能遇到的各种困境。

案例 132　好友之间闹矛盾，一句话让两人重归于好

李朵和吴珊是多年的老同事，两人隔桌而坐，情谊深厚。尽管两人关系十分亲密，但相处久了也难免发生冲突。

有一次，在处理某项任务时，两人的意见产生了分歧，最后居然发生了严重的口角，彼此冷战，形同陌路。

到了第三天，李朵实在忍受不了这样的工作气氛，为了打破僵局，于是趁吴珊也在时她就翻箱倒柜，把办公桌的抽屉全部打开翻找一番。

这时，吴珊终于开口说话："喂，你把所有抽屉都打开了，到底在找什么？"

李朵看看吴珊，幽默地说道："我在找你的嘴巴和声音啊！你一直不跟我讲话，我还以为你把它们丢了呢！"两人扑哧一笑，重归于好。

当矛盾发生时，那些缺少幽默感的人会把事情搞得越来越糟，而具有幽默感的人却能使一切轻松、简单。就如案例中的李朵，简单的一句幽默话便消除了双方的冷战气氛，化解了两人的矛盾，皆大欢喜。

案例 133　办公室幽默来"灭火"，同事转怒为喜

陈怡是办公室里的活宝，哪里有她，哪里就笑声不断。一次，沈亮带着儿子来单位玩。这孩子特别淘气，一会儿工夫就把电脑的鼠标摔坏了。沈亮大怒，抬手照着孩子的头就是一巴掌，那声音比打响鞭还脆。

这下手也太狠了，只见陈怡"噌"地跳起来，指着沈亮的鼻子大叫："你干吗打孩子，你的手怎么这么欠？"

这一嗓子吼得同事们全蒙了，沈亮这个愣头青更是气得眼睛喷火，都快忍不住冲上去和陈怡干上一架了。

这时，陈怡指着孩子不依不饶地说："你知道你这一巴掌起什么作用吗？你这孩子原本可以当科学家，就这一巴掌把个好端端的科学家给打没了！"

周围的同事们哄堂大笑，沈亮也乐了，说道："科学家？！他有那个脑袋，太阳就得打西边出来了！陈怡你可真会说话。"

一场"战争"就这样被陈怡化解了，事后她说："我就见不得打孩子，但话一出口也觉得冒失了，可又不好意思把话收回去，于是就来了个'脑筋急转弯'。"正是靠着这个"脑筋急转弯"，沈亮转怒为喜，一场可能爆发的冲突也消匿于无形之中。

> **沟通技巧**
>
> 当双方爆发冲突时，幽默的话语一定要尽量温和、委婉。在情绪冲动的情况下，一些平时感觉十分正常的幽默也可能让对方觉得有讥讽的意味，这就完全背离我们的本意了。

三、与下属幽默，走下神坛，放下架子一起笑

在职场生涯中，那些富有幽默感的人都有很好的人缘，他们可以在短时间内拉近与别人的心理距离，赢得对方的好感和信赖。而缺乏幽默感的人则相反，他们的人际交往往往非常不顺，自己在别人心目中的形象也十分不佳。

作为上司，善于运用幽默技巧和下属打交道的人，总能保持良好的人际关系，得到下属的支持和信赖。一般而言，那些在工作中取得突出成就的人往往并非是最勤奋的人，而是最有幽默感的人。因为善用幽默的管理者比古板、严肃的管理者更有领导魅力，也更容易获得下属的认同与追随。

如果我们能用幽默引起他人的兴致，就能得到他们的喜爱。一句笑话可以像一缕阳光驱散层层乌云，一切的紧张、怀疑和恐惧都会在一句恰当的笑话中消散无踪。当我们赢得下属的支持与掌声时，自己的职场之路也会因此更加通畅。

1. 释放内心

在工作中，上司如果能不时地与下属开个玩笑，下属必然会觉得上司很随和，他们愿意接近上司。这样上司才能有机会与下属深入沟通，了解他们的真实想法，让工作进行得更加顺利。同时，也可以解除下属的戒备心理和减少他们的恐惧心理，

让其感到轻松自如、自由自在。

案例134　总经理幽默讲述自己的"第一桶金"

某大型企业的总经理杨先生是个十分幽默的人，在日常生活中他就喜欢开玩笑，平时和员工们相处得十分融洽。于是，公司员工对这位平易近人的总经理也就有点儿"没大没小"了。

这一天，杨总正在给全体员工开会，会议后半部分是员工的提问阶段。于是，一名员工突然向杨总提出一个问题："杨总，我一直好奇，您是怎么赚到人生第一桶金的？"

杨总想了很久，对这位员工说："这第一桶金是很久以前的事了，我还在读小学。那时我们都比较调皮，不懂得尊重老师，而且对于学校的公共设施也不知道珍惜爱护，弄坏桌椅、毁坏花坛的事情时有发生。为了改变这种现象，我们学校就制订了一条规则：凡是有哪个学生用铅笔或小刀弄坏了桌椅，那么他就得在全校学生面前做检查并受处分，或者罚款5元；如果毁坏花坛，检查和处分不变，只不过罚款涨到了10元。

"这条校规对我来说好像没起到什么作用，那天我还是把花坛上的砖撬了下来。回家后我后悔了，只好对父亲说我犯了校规，要么罚款10元，要么在全校学生面前做检查。父亲说当着全校学生的面做检查实在太丢人了，于是他答应给我10元，让我交给学校。但在给我10元钱之前，他把我带到楼上，狠狠地揍了我一顿。

"但我觉得，既然已经挨了一顿打，再做一个检查又有何妨呢！于是，我决定当着全校学生的面做一个检查，以便把那10元钱留在自己手里。我真的这样做了，这就是我人生中的第一桶金。"

员工们听完之后，都哈哈大笑，现场气氛十分轻松。

2. 缓解压力

当会议室或办公室里出现紧张局面时，幽默可以帮助下属放松心情，让他们能够更清晰地思考问题，提出更多、更有效的建议。总是端着架子的上司会让下属躲得越来越远；而主动和下属交往、偶尔还开开玩笑的上司则会备受下属的欢迎。

3. 婉转批评

在紧张、忙碌的工作中，出于各种原因，下属犯一些错误是在所难免的事情。作为一个上司，在遇到这种情况时当然有必要对其批评指正。有的人对犯了错误的员工大声呵斥，却起不到任何作用；有的人却能幽默、轻松地让员工认识到自己需要改进的地方。当上司批评下属时，如果能在话语中夹带一些幽默，既能保全对方的自尊，又促使其自我反省。

案例 135　总经理批评女秘书，将批评夹在赞美中

卡尔文是某大型公司的总经理，这位总经理平时少言寡语，但他也有出人意料的时候。卡尔文有一位漂亮的女秘书，在工作中经常因粗心而出错。

一天早晨，卡尔文看见秘书走进办公室，便对她说："今天你穿的这身衣服真漂亮，正适合你这样年轻、漂亮的姑娘。"

这几句话出自卡尔文口中，简直让女秘书受宠若惊。

卡尔文接着说道："但你也不要骄傲，我相信你可以把公文处理得和你一样漂亮的。"

果然，从那天起女秘书在公文上就很少出错了。

4. 与下属幽默的基本技巧

领导需要树立自己的威严，没必要时刻保持着严肃的面孔，不妨放下无谓的架子，对下属多笑一笑，拉近与下属的距离。

1. 必要时拿细节开涮，先幽自己一默。
2. 多发挥自己的想象力，将生活中不同的事物多加联系，制造幽默。
3. 提高自身语言表达能力，注重与形体语言的搭配和组合。

总之，幽默是一种力量，作为上司，需要以有趣、有效的方式来表达人情味，给下属提供某种关怀、情感和温暖。

> **沟通技巧**
>
> 上司必须要有一定的威严，在批评下属或布置任务时，不要太过随意，而要保持一定的严肃性。跟下属关系太亲密的上司在行使职权时，往往无法取得他人的信服。在工作中，上司若能根据实际情况对下属恩威并济，才能找到彼此都感到舒适的距离。

四、与客户幽默，告别严肃，让客户对产品感兴趣

幽默是销售工作中需要掌握的重要沟通技巧之一。如果我们能将客户逗笑，就能轻松地让其购买我们推荐的产品。在运用幽默方式进行沟通时，人们往往处于一种轻松和愉快的情景中，而且人们总是喜欢和能带给自己快乐的人交朋友或者建立某种联系。幽默的销售员能够以一种愉悦的方式让自己留在客户的记忆中，给客户留下深刻而美好的印象。

案例 136 拜访陌生客户，笑话"牵红线"：我是卖人民币的

一位保险销售员向客户推销保险，一见面他大声喊道："我是卖人民币的。"

客户觉得很有意思，于是调侃地问："你是卖假钞的，还是卖冥币的？"

销售员说："我既不是卖假钞的，也不是卖冥币的，但您给我200元钱，我卖给您10万元钱！"

客户说："你诳我，哪有这种好事？"

这时，销售员便给客户介绍自己卖的是意外险，200元保10万元。

就这样，销售员只是换了一个角度来说意外险，就让客户觉得新颖、有趣，之后的沟通很顺畅，接下来的签单也就容易多了。

幽默的语言还能在销售中起到化险为夷的作用。在与客户沟通不畅、面谈不顺时，我们可以适时切入幽默的言谈举动，缓和紧张、局促的气氛，促使沟通顺利进行下去。

案例 137 巧用幽默语言，让"可怜的医生搬家"

一名房产经纪人带着一对夫妇去某小区看房子。一路上，为了达成销售，他一直喋喋不休地夸耀这栋房子和这个居民区："瞧这个地方多好！空气清新，绿草如茵，这里的居民从来不知道什么是疾病与死亡，谁也舍不得离开这里。"

碰巧就在这时，他们看见一户人家正在忙碌地搬家，这让房产经纪人十分尴尬。但很快这位经纪人又说道："您看，这位可怜的人……他是这里的医生，因为很久一段时间无病人光顾，不得不迁往别处开业谋生了。"

幽默的人无论走到哪里，笑声都会如影随形。如果我们掌握了幽默的技巧，在

与客户沟通的过程中就能给其带来快乐，使其倍感轻松和愉悦。因此，销售过程中的小幽默有时是必不可少的，它可以缓和双方之间的对立气氛，帮助双方快速地达到彼此合作的目的。但在运用幽默时，需要注意以下几点。

```
注意幽默尺度          注意幽默内容
         \       /
          与客户
           幽默
         /       \
保持微笑              不能冲淡主题
```

1. 注意幽默尺度

销售过程中，适当讲些小幽默、开些小玩笑能够迅速降低客户对我们的敌意，拉近双方的距离。但若掌握不好分寸，很容易给客户留下轻浮、不可靠的印象。客户能接受的是适当的幽默与玩笑，这样的对话可以缓解气氛，增进了解，促进成交。但如果只是一味地搞笑，忽略了回答的严肃性，可能适得其反。

2. 注意幽默内容

我们可以对一些紧急出现的尴尬场面进行调侃，但不能拿客户的私人问题随意说笑，以免触及禁区，引起对方的不快。此外，幽默时我们一定要做到清晰明了，避免引起对方的误解。

3. 保持微笑

整个幽默过程中我们都要保持微笑，避免我们的幽默被误认为是讽刺。微笑代表了一种善意，表示自己正在说的话是为了让客户高兴起来。有些销售员开玩笑时表情冷漠，使本来非常有趣的玩笑变成了讽刺，破坏了双方之间的关系。

4. 不能冲淡主题

销售过程中交谈的主题只有一个：达成交易。有些人相当幽默，开玩笑的手法也相当高明，但一开起玩笑来就会将客户的思路越拉越远，最后冲淡了谈话的主题，致使交易失败。因此，我们一定要注意避免犯这样的低级错误。

> **沟通技巧**
>
> 在打算与客户幽默之前，最好先分析一下客户是否喜欢幽默，一定要确保不会激怒对方。幽默是一把双刃剑，如果使用不当很容易给自己造成伤害。如果遇到一本正经、喜欢直截了当的客户，就不要故作幽默，否则会引起对方的厌烦。

五、面试有妙招，幽默应答，敲开职位的大门

面试不是一件好笑的事情，但这并不意味着幽默不会对我们有所帮助。大多数人在刚面试时都略显紧张，不少有能力、有才华的人为此痛失宝贵的机会。对面试官来说，看到那些紧张慌乱的应聘者，就会感觉其在工作中也不能胜任。此时，如果我们善于幽默，就可以发挥自己的优势，调节紧张的气氛，赢得面试官的好感。

幽默是一种优美的、健康的品质，是人与人之间沟通的润滑剂，是一个敏锐的心灵在精神饱满、神情洋溢时的自然流露。一个充满幽默感的面试者往往能在求职的过程中获得更多的机会。

案例138 "三纲五常"新解，正反颠倒显智慧

在某电视台主持人招聘面试中，考官问一位面试者："三纲五常中的'三纲'指的是什么？"

这名面试者答道："臣为君纲，子为父纲，妻为夫纲。"他刚好把三者关系颠倒了，引起哄堂大笑。可他镇定自若地接着说道："我指的是新'三纲'，我们国家人民当家做主，领导是人民的公仆，当然是'臣为君纲'；计划生育产生了大量的'小皇帝'，这不是'子为父纲'吗？如今，妻子的权利逐渐升级，'妻管严''模范丈夫'流行，岂不是'妻为夫纲'吗？"

凭着机敏、幽默的回答，这位面试者展示了自己的口才与智慧，最终顺利地通过了面试。

幽默是自信的表现，是善于处理人际关系的反映。可以这样说，哪里有幽默，哪里就有活跃的气氛；哪里有幽默，哪里就有笑声和成功的喜悦。因此，在严肃、紧张、重要的面试中，不妨来点儿幽默，这不仅能使自己放松，也可以使面试官记住我们，有利于我们在面试中脱颖而出。

案例139 面试经历：灵活幽默让劣势者脱颖而出

某杂志社招聘采编人员，郑鑫幸运入围面试。在参加面试的10人中，无论从学历还是专业来看，他都处于下风。

面试时，当问到第三个问题"谈谈你应聘的优势与不足"时，郑鑫说："我的优势是有过两年的从业经验，并且深爱这一行。每当我拿起一份杂志，我总会不自觉地给人家挑错：题目显得累赘，哪个词用得不妥，哪个错字没有校对

第八章
老师不会教但社会很需要的职场幽默法

出来;版面设计不合理……甚至有时上厕所也会忍不住捡起别人丢在地上的杂志或报纸看……"听到这里,评委们不约而同地笑了。

后来他了解到一开始自己并不被看好,然而其他参加面试的人回答问题时过于"正统"和"死板",正是他的灵活与幽默让挑剔的面试官们觉得他更适合干这一行。于是,其实并不太出众的郑鑫最后脱颖而出,幸运地被录用了。

不过需要注意,我们不是在应聘喜剧演员,在面试中有策略地幽默并不是让面试官大笑不已,而是让其微笑并把我们看作是一位有趣且风度翩翩的潜在的团队成员。

因此,面试中使用幽默技巧时应该注意以下几点。

1. 所讲内容要充满正能量

所讲的内容一定要充满正能量,给面试官留下的印象必须是乐观自信、积极向上的,而不是内向自闭、冷嘲热讽等。

2. 以展现自己的特长为主

无论我们采用何种方式求职,展现的内容最好是自己的特长,而且是与应聘职位相关的特长。

3. 展现自己的感染力

幽默既能体现出一个人的生活态度,也能体现出一个人的职业价值观。而一个诙谐幽默的员工不仅能给自己带来快乐,还能感染其周围的人,因此许多企业往往愿意招录一些诙谐幽默的员工来活跃气氛。

> **沟通技巧**
>
> 并不是所有人都适合在面试中使用幽默技巧。如果我们不善言辞,那就不必故意追求幽默,因为错位的幽默可能会适得其反。工作面试通常是一件比较严肃的事情,幽默只是点缀,如果舍本逐末,就会给面试官留下负面印象,令其反感。

六、压力越大越低效,不妨试试幽默解压法

据调查,人们的工作效率与个人心境有着十分密切的关系。轻松、愉悦的氛围能让人对工作产生积极的情绪,从而提高工作效率;而紧张、压抑的环境则会让人对工作产生抗拒心理,从而降低工作效率。我们不难发现那些具有幽默感的人通常

在工作中更有效率、更有创造性。

幽默不仅是一种人生态度，更是一种力量，可以用来对抗周围不如意的境况。幽默可以使人放松心情，减轻压力，以更为积极、主动的心态投入到工作中去。卸下包袱、轻装前进的人自然会比压力重重的人前进得更快。

现代社会中，一个人每天的工作时间往往长达8小时，加班更是家常便饭。如果每个人每天都板着面孔，郁郁寡欢，那工作起来怎么会有动力？怀着压抑的心情，工作效率又怎会提高？职场中，比加班更重要的是高效率的工作，所以以一种什么样的心态来面对工作就显得尤为重要。

一项关于幽默效应的研究发现，幽默不仅可以减轻疲劳，还能振奋精神，特别是对那些从事重复性劳动的人最有效果。他们如果能在轻松、愉快的气氛中工作，往往能够超额完成任务。

案例 140　成语新解：幽默言谈缓解工作的紧张氛围

午休时间，何健放下手中的报纸，一本正经道："总说交通紧张，为什么不修几条运河，一条从四川到新疆，一条从云南通往江南……"

旁边有同事说道："老何，听了你的高见，使我们更加深刻地理解了一个成语。"

老何疑惑地问："什么成语？"

"信口开河！"

周围的同事们听了以后纷纷大笑起来，整个办公室里洋溢着欢快的气氛。

工作间隙偶尔开个玩笑，相互调侃一下，不但不会影响工作，还会缓解工作压力，愉悦大家的心情，提高工作效率。谁也不愿意一整天在沉闷的气氛中度过，时不时地幽默一下反而能释放压力，保持工作积极性。

要想轻松、愉悦地高效率工作，就不妨试一下幽默的力量，不时地与同事用幽默的言语调侃一下，让开心的笑声来驱散身心的压力，放松精神，在惬意和快乐中完成自己的工作。

> **沟通技巧**
>
> 虽然幽默可以作为一种缓解压力的手段，但不能过于频繁地使用，更不能经常在工作时间开玩笑，否则会影响大家的工作状态，给领导留下不认真工作的印象。我们可以在非工作时间幽默，这样既不会影响工作，又能缓解压力。

第八章
老师不会教但社会很需要的职场幽默法

七、男女相处有顾忌，面对异性同事，玩笑适可而止

大量的研究结果表明，职场中的挑战并非仅仅来自工作本身，人际关系也是重要的挑战之一，其中办公室里的男女相处似乎更为微妙。处理得当，自然可以游刃有余；处理不当，则有可能影响自己的职业发展。

职场中的正常交往能够大大提高工作效率，不过异性同事之间毕竟存在性别差异，有些过于敏感的事情不能过于随便，开个玩笑也不能过分。一旦没有把握好幽默的对象和内容，不仅会招致对方的反感，还可能影响自己的名誉和形象。

首先，开玩笑时，我们一定要顾及异性同事的自尊，对于一些较为敏感的话题，适可而止，千万不要"祸从口出"，一句玩笑断送同事之间的友谊。其次，异性之间的玩笑要积极向上，尤其是不能在异性面前讲黄色笑话，这会降低自己的人格，给其留下猥琐的印象。

案例141　微信结尾发送失败，异性之间的玩笑变成炸弹

有些人喜欢在微信或短信上对异性同事开些小玩笑，但这种玩笑如果稍有不当，就可能带来灾祸。

这一天，乔萱收到一个异性同事的微信，内容十分暧昧："我真想把你轻轻地放在手上，抚摸你的身体……"其实，这个微信的最后一句是"你真好用，香皂！"可是由于网络问题，最后一句没有发送成功，而发送者也没有在意。

没想到这条微信刚好被乔萱的老公看到，结果可想而知。老公以为乔萱对自己不忠，否则男同事不会发这么暧昧的短信。乔萱则是有口说不清，想让那个男同事和老公解释又不好意思开口，只好哑巴吃黄连。不过，以后乔萱见到这个男同事，再也没有给过好脸色。

和异性同事开玩笑务必要多加小心，绝对不要讲这种内容暧昧的玩笑。即使想幽默一下，也要讲些比较大众化的玩笑，这样既能逗人发笑，又比较安全，不会惹出不必要的麻烦。

案例142　达尔文：人是猴子变的，不过您是只漂亮的猴子

在一次宴会上，达尔文和一位风姿迷人的女士亲切地攀谈着。

这位女士嬉笑着问道:"亲爱的达尔文先生,听说您曾断言人类都是由猴子变来的,那么我是不是也属于您的论断之列呢?"

达尔文彬彬有礼地回答道:"那当然!"

听他这么回答,女士有些不悦,板着脸问道:"怎么,您看我跟猴子很像?"

达尔文见状,微笑着答道:"是的,不过您不是由普通的猴子变来的,而是由长得非常漂亮、迷人的猴子变来的。"

女士听了这话,顿时笑了起来。

达尔文赞美式的幽默让这位女士立刻笑了起来,可谓异性幽默的典范。借助这种幽默的方法称赞对方,不仅活跃现场气氛,还迅速拉近彼此间的距离。当然,把距离拉得太近,语气太亲昵也是不合适的,否则会有油嘴滑舌、调戏异性之嫌。

那么,应该如何把握异性同事相处的幽默尺度呢?

```
            幽默场合    幽默内容
      幽默时机              幽默频率
      幽默对象              幽默程度
                异性相处
```

1. 开玩笑要看对象

"人上一百,形形色色。"与宽容大度的人开玩笑可以调节气氛,如果换成缺乏幽默感的同事,则可能立刻出现矛盾。对那些向来不苟言笑的异性,就不要去招惹,否则很容易被误会。

2. 开玩笑要看时机

当对方心情舒畅时,适当的玩笑是锦上添花;当对方心情不好时,我们的玩笑就容易被误认为是恶意的讥讽。

3. 开玩笑要看场合

在一些严肃的工作场合不要开玩笑,如开会、会见客户、谈判等场合,同性同事之间的幽默尚可缓解气氛,异性同事之间的玩笑就会让人觉得不严肃、太轻浮。

4. 开玩笑要注意内容

内容是最重要的一点，我们一定要保证玩笑内容风趣幽默、情调高雅。不要开庸俗的玩笑，不要动辄就侃"黄段子"或者是不恰当的玩笑，尤其不要拿女性的外貌或年龄、男性的职业或成就开玩笑，这些方面是人的心理上难以接受的。

5. 异性间的幽默要控制频率

工作中，异性之间的适当幽默能够缩短双方的距离，但如果经常开玩笑可能会带来负面影响。如果我们经常调侃异性，会给同事留下不够庄重的印象，从而失去同事的尊重和信任。在领导面前，一个经常与异性开玩笑的人会被认为不够成熟，不够踏实，无法委以重任。

6. 捉弄人可不是开玩笑

同性同事之间偶尔的恶搞或调侃无伤大雅，但异性之间就需要特别注意。异性之间的玩笑很容易被认为是在恶意捉弄人，轻则伤及同事之间的感情，重则可能危及自己的工作。

我们一定要明白，办公室也是两性社会的缩影，工作中只要我们能够放正心态，正常地、大方地与异性同事相处，就一定会成为办公室里受欢迎的人。

> **沟通技巧**
>
> 注意幽默尺度不是因噎废食。现代社会中，男女之间的正常交往越来越频繁，而幽默显然是不可缺少的。我们需要做的就是转变自己的幽默态度，区分同性与异性之间的交往方式。

八、职场上，尴尬的玩笑并不代表你有幽默感

人的一生中有三分之一的时间是在工作中度过的，职场相当于我们的第二个家。每天我们都和许多同事朝夕相处，每个同事的性格、工作作风都不尽相同。要适应工作环境，除了有足够的工作能力以外，我们还要学会幽默风趣，这样我们才会受欢迎，工作也才能更为顺利。

那么，职场幽默有哪些小技巧呢？

学会分享日常生活中的笑点　　保持良好的精神状态

注意区分场合和对方性格　　幽默需要不断学习

注意自己的身份　　多看一些优秀喜剧

1. 学会分享日常生活中的笑点

快乐是可以分享的，当我们听到一个好笑的故事或遇到一些有趣的事情时，可以把这些故事或事情分享给同事们。长此以往，我们会成为同事眼中诙谐有趣、幽默不断的人。

2. 注意区分场合和对方性格

根据场合和对方性格的不同，我们可选择不同的幽默方式：对于内向的同事，我们要先设法拉近关系，等双方熟悉了以后才能开玩笑；对于外向的同事，则可以稍微放开一些。

在会议、谈判等严肃场合中，我们一定要收敛自己的性格，避免因为太过随意而将事情搞砸。在其他一些比较随意的场合则不必如此，可以充分展现自己的幽默魅力。

案例143　不合时宜的玩笑，让自己在领导面前形象大跌

李薇是一个性格开朗的年轻人，上学期间她便习惯了年轻人之间幽默、轻松的气氛，于是刚步入职场时便没有注意这两者之间的差别。在办公室里，她给每个人都起了外号，在她看来叫外号比叫名字显得亲切多了。

有一次，李薇拿到了一些商品优惠券，兴冲冲地推开办公室大门，大喊一声："胖嫂，今天你又可以去疯抢了！"（胖嫂跟李薇年纪相仿，由于体形较胖，所以李薇给其起了个"胖嫂"的外号）但是，正当她正准备冲进来的时候，发现所有人都在安静地注视着她。

原来今天领导来检查工作，正在和大家一起交流新上的项目，结果李薇却上演了这样一场滑稽秀。这让被称为"胖嫂"的同事备感尴尬，李薇也给上司留下了不够沉稳的印象。

一定不要不分场合地乱开玩笑，否则不仅无法达到幽默效果，还有可能受到大家的讪笑，甚至引起人们的反感。在一些庄重的场合，如果我们的幽默不着边际，

太过夸张，就会引起别人的反感，给自己贴上虚伪浮躁，不够稳重的标签。

3. 注意自己的身份

如果我们是刚进公司的新人，就不要随便和同事们开玩笑。下属也要注意跟上级开玩笑的尺度，不能让领导难堪，否则就算自己说得再好笑，也没有好果子吃。

案例 144 玩笑不等于幽默，过分调侃让领导面露难色

周一上午，范强来到江总办公室汇报工作。汇报结束后，江总说："小范啊，帮我把这些发票交到财务那边去。"

范强走过去拿发票，突然惊讶地问："咦，江总，您今天怎么还穿了一双拖鞋？"

江总尴尬地说："啊？我不是……"

没等江总说完，范强马上说道："我知道我知道，咱们是销售部门，对外肯定要保持好形象的嘛！您是老大，您穿拖鞋有啥关系，咱们部门一条心，什么都好说嘛，是不是？哈哈……要不您今天下午请大家伙儿喝咖啡吧，这样我们就都当没看见您今天穿拖鞋来上班了，哈哈……不过您穿拖鞋配衬衫挺帅的，特像今年夏天一线大牌走秀，哈哈……"

江总面露难色地说："谁说咱们部门上班能穿拖鞋的啊？我说过这话吗？我早上开会的时候早就跟大家解释过了，我这是上周末跑步把脚给扭伤了！"

本来周末跑步把脚崴了就已经让江总郁闷了，他周一还坚持上班，并特地在例会上跟大家解释了自己穿拖鞋的事情。结果刚开完会，范强就开了一个"部门一条心"的玩笑，这让他十分尴尬。

可见，职场上的幽默是一把双刃剑，用好了可以调节气氛，拉近同事之间的关系，用不好反而会引起不必要的麻烦和冲突。

4. 保持良好的精神状态

只有那些精神饱满、思维敏捷、话语流畅的人才能更好地表现出自己的幽默才能。因此，我们要保持健康的生活习惯，做一个具有良好精神状态的人。

5. 幽默需要不断学习

幽默靠的不是天分，而是后天的积累和学习。只要有时间，我们应该博览群书，不

仅学到很多知识,而且提高了自身素养和内涵。一个说话有内涵的人,自然会充满魅力,赢得大家的喜爱。

6. 多看一些优秀喜剧

优秀喜剧不仅可以培养我们的幽默能力,让我们掌握更多的幽默技巧,还能给我们带来好心情,让我们成为自带欢笑的人。一个心情愉悦的人,可以把阳光般的欢乐带给身边的同事们。

> **沟通技巧**
>
> 职场幽默的目的在于激活信息输出机制,调节人际关系,而非卖弄自己的口才。真正高明的风趣和幽默是与人为善、益智明理的,能够帮助我们达到自己的沟通目的,而非简单的逗乐或讽刺。幽默只是一种手段,切不可本末倒置。

第九章

谈判幽默有攻略，再难做的交易都能搞定

人们一般都认为谈判是庄重、严肃的，其实在谈判中适当地运用幽默，不仅可以缓和紧张形势，还能缩短双方的心理距离，减少对立感，促使谈判氛围更为融洽。如果我们在谈判桌上能表现出幽默风趣的一面，我们在谈判中就可以如鱼得水、左右逢源。

一、轻松入题，谈判气氛让幽默做主

开局是谈判气氛形成的关键阶段，谈判人员在谈判即将开始时难免心情紧张，容易出现张口结舌、言不由衷或互相猜忌、盲目对立的情况，这无疑会给接下来的正式谈判埋下阴影。

为了防止这种现象的发生，我们应该事先做好充分准备，做到有备而来。例如，可以把预计谈判时间的 5% 作为"入题"阶段，若谈判准备进行 1 小时，就用 3 分钟活跃现场气氛。如果谈判要持续几天，可以在正式会谈前先通过宴请等方式缓解气氛。

谈判并不意味着双方要剑拔弩张，相反，有时谈判可以是一个融洽、和谐的过程，使双方在轻松、愉快的氛围中获得双方都满意的结果。如果双方一见面就是一副严肃的面孔，以极其认真的态度来"言归正传"，没有一丝轻松的气氛，就会使谈判进展缓慢。如果我们能利用幽默主动营造良好的谈判气氛，就能缓解双方的紧张情绪，增进双方的感情，便于谈判顺利进行。

案例 145　提着口罩走进会议室，与众不同的亮相带来与众不同的效果

一次，美国某公司的 CEO 从芝加哥飞到上海，与中国某公司谈一个重要的合作项目。在会议室里，中方谈判代表个个表情严肃，如临大敌。这时，美国公司的 CEO 却提着一只口罩走进会议室，笑着说："着陆前，我还在担心自己会在 PM2.5 中迷路呢，但现在我觉得自己是在密歇根湖湖畔！"

现场的中方谈判代表被他的幽默逗得笑起来了，气氛马上轻松了许多。

谈判中的幽默需要掌握分寸，不能流于低俗或冒犯对方，而且有时需要显露一些智慧和内涵。谈判中一方犹如神来之笔的幽默看似不经意，其实可能事先已经做足了功课。就像案例中美国公司的 CEO 一样，他来之前肯定关注着中国的环境问题。

案例 146　"花招先生"乔·格兰德尔的开场绝技

乔·格兰德尔对客户说："尊敬的先生，请您给我 3 分钟时间，3 分钟一过，如果您不让我继续讲下去，我保证马上离开。"说着，他将一个蛋形计时器放在

桌子上。

客户第一次遇到这样的推销员，而且听他的口气如此坚定，很是好奇，想知道他要说些什么，于是便点头同意。

乔·格兰德尔问道："先生，您知道世界上什么东西最懒吗？"

客户摇头耸肩，表示猜不到，迟疑了一下，说道："你的问题很有意思，这让我很好奇。"

乔·格兰德尔说："就是您存在银行不动的钱，其实它们是可以'勤快'起来的，比如可以帮助您购买空调，这样您就可以度过一个清凉的夏天了，您说是吗？"

乔·格兰德尔是20世纪60年代美国有名的销售员，他曾被风趣地誉为"花招先生"。在他拜访客户时，总会运用蛋形计时器、闹钟和钞票等各种各样的花招与客户进行谈话。他精心设计的悬念和稀奇古怪的想法能引起客户的好奇心，让客户安静地、饶有兴致地听他讲话。这样就为他推销产品营造了良好的氛围，并最终使客户对他的产品产生兴趣。

> **沟通技巧**
>
> 表情幽默是无声的信息，包括形象、表情和眼神等。我们在谈判开场时可以保持一个轻松、愉快，甚至俏皮的表情，以此配合自己的幽默语言。这样就可以让对方感受到我们的亲切与友好，进而激发出合作的愿望。

二、善用幽默战术，打破冷战僵局

在谈判过程中，双方经常会因为各种各样的原因僵持不下、互不相让，甚至相互猜疑、争论激烈。如果处理不当，谈判可能会陷入僵局，谈判工作进展缓慢。谈判出现僵局在所难免，关键在于我们要有勇气面对僵局，有智慧化解僵局。

谈判过程中，如果双方在某些关键性问题上互不让步时，一方就可以尝试运用幽默语言来说服对方，打破僵局。幽默可以消除双方的尴尬，稳定对方的情绪，使谈判气氛变得轻松、活泼，为谈判成功奠定良好的基础。

案例 147　梅汝璈国际法庭争席位

1946年5月，远东国际军事法庭审判以东条英机为首的28名日本甲级战犯，但因为排定座次问题，10个参与国的法官们展开了一场激烈的争论。受伤害最深、抗战时间最长、付出代价最大的中国因为国力不强，被各强权国强行安排在边缘席位。

在这种情况下，中国出庭的法官梅汝璈面对各国列强据理力争。他首先正面阐明排座次应按日本投降时各受降国的签字顺序排列，这是唯一正确的原则立场。可是，各国法官的态度依然十分强硬。于是，梅汝璈微微一笑，说："当然，如果各位同仁不赞成这一办法，我们不妨找个体重测量器来，然后以体重大小排座次，体重者居中，体轻者居旁。"

各国法官都忍不住地笑起来。庭长说："您的建议很好，但它只适用于拳击比赛。"

梅汝璈接着说："若不以受降国签字顺序排座，那还是按体重排好。这样纵使我被置末位也心安理得，并可以对我的国家有所交代。一旦他们认为我坐在边上不合适，可以派一个比我肥胖的来换我呀！"

这句话令全场的法官们大笑起来，最后在梅汝璈的据理力争下，大家不得不同意中国法官以次席出庭。

在举世瞩目的远东国际军事法庭上竟要按体重来排座次，真是荒唐之极。但正是这个荒唐至极、引人发笑的提议，让各国列强的恃强凌弱、蛮不讲理的丑态尽显无遗。利用这种幽默，梅汝璈既缓解了过于紧张的谈话气氛，又巧妙地表达了自己的主张，让各国法官无言以对。

案例148 搞笑无极限的威胁：保证你们见不到明天的太阳

魏科去参加一场谈判，但因为分歧巨大，双方僵持不下。正在僵持时，魏科突然说道："今天这件事要是谈不成，我保证你不会看到明天的太阳。"

这个威胁让对面的谈判代表瞬间脸色大变，看起来愤怒不已。就在他要发火的时候，魏科接着说："我妻子就在气象台工作，她告诉我明天会下雨，你要记得打伞。"

对方先是一愣，然后大笑起来，气氛马上轻松了很多，而谈判也得以继续进行下去。

幽默是一种高级的智力活动，它能化解对方心中的怒火，缩小双方的心理差距，使对方迅速地冷静下来，最终打破谈判僵局，达到自己的谈判目的。

不过，使用幽默打破僵局时，我们需要注意以下几点。

1. 用幽默打破僵局时，可以适度地拿对方开玩笑，但必须因地制宜，视现场情况和对方性格而定，不能不着边际，随心所欲，风马牛不相及

2. 娴熟地掌握语言技巧。如果玩笑开得不好，虽然能暂时缓和紧张气氛，但对于大局来讲并没有什么益处。而高质量的幽默不仅能缓解气氛，还能表达观点，甚至说服对方

3. 话题可以转移，但主旨不能变。幽默虽然不是正题，但必须与正题有关，做到"形散而神不散"

> **沟通技巧**
>
> 有时，谈判中的僵局是用来施压的一种手段。当遇到这种情况时，我们就不能轻易运用幽默来打破僵局，否则很容易引起对方的轻视，降低自身在谈判中的地位。而且，过于频繁的幽默也会显得玩世不恭，难以获得对方的信任。

三、咄咄逼人没效果，试试以退为进幽默法

谈判中，我们可以利用幽默来达到先声夺人的目的，但这种先声夺人的策略很容易引发对方的抵触情绪，使谈判进程受阻。为了避免因为自己的咄咄逼人而引起对方的不满，我们不妨试试以退为进幽默法。

以退为进式幽默，指以退让的姿态作为进攻手段的一种幽默方式。这种幽默方式既能使对方的观点得到回复，又能利用对方的话语进行反击，使对方不得不受此"攻击"。

这种幽默常常是后发制人，力求做到出其不意、攻其不备，既让对方领教我们的手段，又能缓和气氛，避免出现尴尬的局面。

1. 肯定对方的结论
2. 保持平稳的心态
3. 找准进攻点
4. 变退让为进攻

1. 肯定对方的结论

以退为进的第一步便是"退",因此我们首先要学会忍耐与退让。在谈判中,当对方提出某些过分要求时,我们不妨先表示肯定,顺应对方的观点。

案例149　高手过招之柯伦泰买挪威鲱鱼

冷战时期,苏联与挪威曾经就购买挪威鲱鱼进行了谈判。在谈判中,掌握贸易主动权的挪威人开价奇高。苏联的谈判代表与挪威人进行了马拉松式的艰苦谈判,但是收效甚微。

为了解决这一谈判难题,苏联政府派柯伦泰为全权贸易代表。柯伦泰面对挪威人报出的高价,针锋相对地还了一个极低的价格,不出所料谈判再次陷入僵局。挪威人并不在乎僵局,因为不管怎样苏联人要吃鲱鱼就得找他们买。而柯伦泰却拖不起、让不起,毕竟她在这场谈判中处于弱势。

柯伦泰对挪威人说:"好吧,我同意你们提出的价格。如果我们政府不同意这个价格,我愿意用自己的工资来支付差额。但是,这自然要分期付款。"

堂堂的绅士能把女士逼到自己掏工资付账的地步吗?所以,在一笑之后挪威代表一致同意将鲱鱼的价格降到双方都能接受的标准。就这样,柯伦泰用幽默法完成了她的前任们未能完成的工作。

案例中的柯伦泰先是"同意"挪威人提出的价格,然后又表示用自己的工资来"分期付款",以此来表达自己对价格的不满。这既让挪威人明白了她的立场,又表达了自己的诚意,最后获得成功。无论是商业谈判还是朋友往来,我们总会遇到一些让自己十分为难的事情。此时,我们不妨学学柯伦泰,以退为进,达成目的。

2. 保持平稳的心态

很多人在受到别人攻击、刁难或者处于困境中时,容易自乱阵脚。运用以退为进幽默法时我们要尽量避免出现这种情况,否则很容易在情绪的引导下采取针锋相对的态度。因此,保持平稳的心态十分重要,不管身处何境,都要做到冷静应对。

3. 找准进攻点

应用以退为进幽默法的关键在于找准对方的"七寸",也就是进攻点。我们首先要看出矛盾之所在,然后从容出击,这样不仅能够解决问题,还能使自己显得十分洒脱。

案例 150　如何面对刁难你的人——大仲马"埋葬"执达吏

法国知名作家大仲马常常说:"除却那些债主之外,任何人无论什么时候来找我要钱,我都不会拒绝。"

有一天,一个法院的执达吏死了,有人针对大仲马之前说过的"除了债主,谁找我要钱我都不会拒绝",向他索要20法郎的丧葬费。

大仲马答道:"我这里有40法郎,拿去把两个法院执达吏都埋葬了吧!"

大仲马先是承认了自己以前说过的话,却又"加以补充":20法郎埋一个执达吏,那我出40法郎把两个都埋了。大仲马利用以退为进的幽默方式很好地回击了对方,对方只好作罢。

4. 变退让为进攻

以退为进幽默法的转折十分重要,一定要符合逻辑,顺利地完成从"退"到"进"的转变,这样才能帮助自己摆脱困境。因此,我们在接话时要做到轻松自然,反攻时则要干脆利落,让对方无言以对。

案例 151　名人智答,屁股比脑袋聪明

美国《纽约论坛报》的创办人霍勒斯·格里利一次乘坐火车时,发现邻座的旅客正在读一份《太阳报》。格里利认为自己创办的《论坛报》内容比《太阳报》更丰富,信息量也多,于是热情地向对方推荐《论坛报》。

不幸的是,这位旅客恰恰是《太阳报》的忠实读者,对《论坛报》有着很大的偏见,于是粗野地说:"我也买《论坛报》,在我没带手纸的时候,买它用来擦屁股!"

"噢,是这样的,"格里利不露声色地说道,"如果你坚持这样做的话,你的屁股肯定会比你的脑袋更聪明!"

格里利利用对方的话语作为铺垫,将其"无知""粗鲁""无礼"巧妙地反击了回去。这种委婉的讽刺比直来直去的批评更有力量,更能让对方明白自己的意思,还让其无法反驳。

> **沟通技巧**
>
> 以退为进幽默法的绝妙之处在于:退,不是消极躲避、一味退让,而是为了在退让中寻找反击的方法;进,不是盲目地针锋相对,而是在退让后反手一击。一退一进,体现了人的幽默和智慧。

四、巧用幽默卸下对方心理防备，让谈判由心开始

每个人的内心都有一道防线，陌生人很难触及。面对这样的谈判对手，很多人都会无可奈何。如果我们想拉近双方的距离，和对方有更深入的交流，就要找到最恰当的方法，让对方卸下心理防备，这样他们才会愿意接纳我们。让对方卸下防备，最重要的便是展现出我们的幽默力，用幽默打动人心。如此一来，我们便能在谈判场上做到进退有度、游刃有余。

案例 152　自述"虎威难现"，将谈判桌变成聊天室

在一次重要的谈判中，甲乙双方在以前从未有过任何接触，气氛显得十分沉闷。甲方代表试探着说道："×经理，听说您是属虎的，贵公司在您的领导下真是虎虎生威呀！"

乙方经理顺着话头说："谢谢，借您吉言。唉，可惜我一回家就难有虎威可现了。"

"噢，为什么呀？"

"我和我的夫人属相相克啊，我被降住了！"

"那么您夫人……"

"她属武松。"

这一幽默虽有刻意营造之嫌，但这并不妨碍它缓和谈判气氛的作用。双方你来我往，不经意的几句幽默的话语就能打破对方的心理防备，彼此间较容易地建立起一种亲近、随和的关系。初次谈判时，如果我们能像案例中的谈判者一样恰当地运用一些幽默语言，就可以慢慢地将对方的心门打开。

案例 153　小业务员的幽默恭维，让"大人物"大笑起来

美国某公司的一名业务员好不容易获得了与一位汽车业的重要人物谈判的机会，可当他走进对方富丽堂皇的办公室，看到其威严的态势时，不知怎的竟然变得紧张、胆怯起来，双手发抖，心跳加快。

对方以为这位业务员病了，急忙问道："你哪儿不舒服？"

这名业务员本想装病掩饰一下，但思索片刻后，他鼓起勇气承认了自己的胆怯："不，先生，我是因为见到您这样的大人物，一时情难自禁，所以才这么

紧张。"

听到业务员幽默地恭维自己，对方哈哈大笑起来，原本紧张的氛围也顿时消失了。

谈判中，双方要相互体谅，要学会找到双方的共同利益。我们要找到对方感兴趣的话题，然后用幽默诙谐的语言渲染，这样对方能感受到我们内心的真诚，双方才会产生共鸣。

要知道，谈判场上双方都是存有戒心的，很少有人会在刚见面时就开诚布公，亮出自己的底牌。因此，我们不如多用一些幽默的话语交流，这样对方也会逐渐打开自己的心理防线。

> **沟通技巧**
>
> 在我们打算轻松幽默一番之前，最好先分析客户是否喜欢幽默，一定要确信不会激怒对方。幽默是一把双刃剑，如果使用不当，很容易伤害到自己。如果我们遇上喜欢直截了当的客户，就不要故作幽默了，否则就会引起他的厌烦。

五、以静制动，幽默反击，专属内向人群的竞争力

不管是生活中也好，职场上也罢，外向的人往往会成为比较主动的一方，也因此似乎外向的人在人际交往中容易占据优势。其实，内向者可以利用安静的力量让自己成为一位出色的沟通者。

在交际场合故作外向的腼腆者并不少见，因为沟通似乎已经成为外向者的专利。但是，有些人认为性格内向的人并不需要假装自己很外向，事实上内向性格的人同样可以在沟通中掌握主动。内向者的一些关键特性——如注重深度，清晰而准确的表达，善于倾听，勤于思考等，使他们更容易成为擅长沟通与谈判的人。

善于思考的内向者可以在谈判时认真总结对方的观点，并发现其中的问题或漏洞，用一两句幽默的话语进行反击，让自己变被动为主动。

案例154　《演说家》的故事——谁背叛了自己的祖先？

西塞罗的《演说家》中有这样一个故事：一位众所周知出身于卑劣家庭的人向勒利尤斯喊道："你背叛了自己的祖先！"

勒利尤斯反唇相讥道："你呢，你丝毫没有背叛自己的祖先！"这句话引起

哄堂大笑。勒利尤斯一句话便赢得了大众的支持。

勒利尤斯以守为攻，以静制动，以不变应万变，出其不意地运用语言幽默回击了对方。

"以静制动"就是谈判中一方滔滔不绝、妙语连珠，似乎已经把对方压倒或者占据绝对优势，同时不断地变换诘难对方的方式，自以为得计，正在等待对方"束手就擒"，却万万想不到看似处于窘境的这一方竟然从自己的话语中找到突破口，三言两语就抓住要害予以回击，将自己置于猝不及防、哑然失色的地步。

案例 155　流行性感冒也是高尚的吗？

在一个休闲沙龙中，一位绅士在高谈阔论，认为凡是流行的都是好的。旁边有位女士本来不想参与争论，但她对那位绅士的言论实在忍无可忍，于是微微一笑，风趣地问道："那流行性感冒呢，先生？"

运用幽默时必须要冷静、灵活，以静制动时这一点就显得尤为重要。

> **沟通技巧**
>
> 谈判中，如果我们对对方的情况不太了解，或者自己不善言语，最好请对方先开口，先让其阐述自己的利益诉求，然后我们就可以在基本了解对方意图的基础上幽默地表达自己的意见，提出自己的要求，这样以静制动的方式往往能收到明显的效果。

六、反击力度要适当，别让幽默成为攻击

谈判过程中对方的为难或挑衅常常会使我们处于不利态势，这时我们可以利用幽默巧妙地回击对方，扭转乾坤，让其知难而退。如果我们无力反击，对方会对我们产生轻视之心，这会为谈判蒙上一层阴霾。

需要注意的是，反击对方的无礼时，我们一定要把握好尺度，注意方法和技巧，避免因反击过重而让对方直接翻脸，致使谈判破裂。切记，一定不要让自己的幽默变成攻击，应给对方留有一定余地。

案例 156　不说"不"的不，克雷洛夫让房东哑口无言

俄国著名的寓言作家克雷洛夫在相当长的一段时间里生活十分穷困，有时

甚至交不起房租。一次，克雷洛夫和他的房东签订租契。房东在租契上写明：假如克雷洛夫不慎引起火灾，烧了房子，必须赔偿15000卢布。

克雷洛夫看了租契，不但不表示异议，反而提笔在15000后面加上两个"0"。"怎么，150万卢布！"房东惊喜地喊道。

"是呀，"克雷洛夫不动声色地答道，"反正一样赔不起。"

房东听了克雷洛夫的话，一下子哑口无言，最后不得不删掉了这项过分的条款。

在谈判过程中，如果我们遇到对方的为难、攻击或讽刺，我们以眼还眼、以牙还牙只会让双方的矛盾更为激烈，甚至使谈判局面变得不可收拾。与其如此，不如以幽默进行反击，让对方在尴尬的笑容中接收我们的观点或诉求。

案例 157　一场有趣的辩论：什么是遗传学？

在某大学的辩论社里，两支队伍正在进行辩论。一方是遗传学专业的辩手，另一方是环境学专业的辩手，两方以"遗传学和环境学两门学科哪门学科对人类的贡献更大"为主题展开了激烈的辩论。双方都进行了有力的论证，说明自己的立论最为正确。唇枪舌剑之下，双方越辩越激烈，到了一种剑拔弩张的地步，气氛十分紧张。

最后环境学专业的一位辩手赌气似的说了一句："哼！遗传学有什么了不起，浅显得很，一个人的儿子跟他长得像，就是遗传学。"

遗传学专业的学生们见到他动气了，于是有人故意开了个玩笑，说道："是啊，一个人的儿子跟他长得像是遗传学，若是像他的邻居，那可就是环境学了。"

一句话逗得现场的观众们哈哈大笑起来。

谈判和沟通中类似的例子还有很多。当对方情绪激动，用饱含怒气的话语攻击我们时，我们首先要保持冷静，不要与对方一样被情绪控制，然后以诙谐幽默的方式回击对方，这样既能挽回气势，又能缓解对方的怒气，这才是高明的谈判策略。

> **沟通技巧**
>
> 反击别人不难，幽默、巧妙地反击却不容易。在反击对方时，幽默的素材最好取材于对方的话题中，接过对方带有挑衅性的话语，再将其反击回去。这样的幽默由于突然的反转就带上了戏剧性，而且反击于无形，对方防不胜防。

七、掌握了幽默，你就掌控了谈判的主动权

要想在谈判中攫取最大的利益，首先我们要掌握主动权，做到制人而不制于人。谈判从来不是一场势均力敌的搏斗，总有一方实力更为强大，而他们也常常掌握着谈判的主动权，引导谈判向自己希望的方向进行下去。

其实，除了自身实力之外，幽默也可以帮助我们夺得谈判的主动权，让对方在我们的引导下一步步做出让步，最终达成对我们有利的协定。

案例158　一部神奇的纪录片让丈夫乖乖地交出钥匙

妻子对丈夫说："我今天看了一个纪录片。"

丈夫问："什么纪录片？"

妻子说："讲人类进化的。人类学家说，人本来不是直立行走的。"

丈夫笑着说："这个我早就知道啊！"

妻子说："那你把汽车钥匙给我呀！"

妻子先发制人，主动向丈夫提起人类进化，然后一步步将丈夫引诱进自己设置的"陷阱"中，最后提出要汽车钥匙的请求，丈夫无言以对，只能乖乖地同意。

> **沟通技巧**
>
> 在运用幽默掌握谈判主动权时，一定要注意对谈判进程的把握，不能因为过度使用幽默使谈判偏离原本的计划，将严肃的谈判变成轻松的玩笑，这样开心是开心了，可谈判进程也会无法控制，最后背离初衷。

八、幽默谈判三大制胜法宝——迂回、反问与反语

王蒙先生曾说："幽默是一种成人的智慧，一种穿透力，一两句就把那畸形的、讳莫如深的东西端了出来。它既包含着无可奈何，更包含着健康的希冀。"

运用谈判的幽默力量，在谈判中采取幽默姿态，缓和紧张形势，营造和谐友好的气氛，就可以缩短双方的距离，淡化对立情绪。

幽默常常会在谈判中起到意想不到的效果，掌握幽

默谈判的三大制胜法宝，就可以使我们在谈判桌上进退得当、游刃有余。

```
        反问
  迂回        反语
    幽默谈判制胜法宝
```

1．迂回

答非所问、声东击西、装聋作哑、装傻充愣，迂回技巧包含了许多具体的幽默方式，它是一种比较常用的幽默谈判方法。

2．反问

反问是一种将句号变为问号，用问号做武器的幽默谈判方式，它可以加重语气，将我们的观点表达得更为强烈、鲜明。反问比直接提问具有更强的力量，有时还可以反守为攻，改变不利地位，让我们重掌谈判的主动权。

3．反语

反语是指所说的道理或所举的事例明显违背现实。这种故意将谬误彰显出来的手法，可以使谈判对手在十分明显的谬误中省悟到自己的错误。

案例159　差点儿成为撞死萧伯纳的名人

英国著名戏剧家萧伯纳走在街上，突然被一个骑自行车的人撞倒了，幸好没有碰伤。那人扶起萧伯纳，连忙向他道歉。

萧伯纳打断他的话，说："先生，你比我更不幸。你要是再加把劲儿，就可以成为撞死萧伯纳的好汉而名垂史册了。"

幽默的语言可以借机反讽，成为谈判最有效的武器。幽默的反语比直白的蠢话要高明得多，其中更蕴藏着谈判者不凡的气度和高超的语言艺术。

> **沟通技巧**　适度的幽默可以博人一笑，但有时双方的背景与观念有着巨大的差异，这种差异不仅会阻碍谈判的进程，还可能让幽默起到相反的作用。因此，这要求我们在谈判之前掌握对方的背景、观念、经历等基本情况，做到有的放矢，不冒犯对方。

第十章

爱情沟通有技巧，幽默能让女神丧失抵抗力

爱情是世界上最美妙的感情，而幽默则是爱情生活的调料瓶。爱情中的小幽默，不仅能够增进双方的感情，还是值得玩味的情愫。这些甜蜜因子是爱情的润滑剂，也是情感的治愈良药。如果我们能够巧妙地运用幽默来赢得对方的芳心，那么在爱情生活中就会胜券在握。

第十章

爱情沟通有技巧，幽默能让女神丧失抵抗力

一、学会幽默搭讪技巧，成为情场高手

当我们在热闹的朋友聚会中，在风景如画的旅途中，在人群熙攘的大街上，在安静的书店里，突然遇到了一位光芒四射、气质不凡的她（他），而其正是我们苦苦找寻的另一半。这时，我们是应该勇往直前，还是卑怯退缩呢？

很多人总是担心自己被拒绝，不敢轻易地尝试，结果白白错过了机会；也有人不惧失败，勇往直前，结果屡战屡败，总是将对方吓跑。其实，我们欠缺的只有一项，那就是幽默。

当我们将普通的搭讪变为有趣的幽默时，往往会使人忍俊不禁。假若能用这种方式勇敢地与她（他）攀谈，会让对方在轻松和愉悦之中欣然接受我们。

案例 160　向电影学"浪漫"，重温经典爱情片

电影《阿飞正传》中有这样一个情节：一个慵懒的下午，阿飞对苏丽珍说："看着我的表，就一分钟。16号，4月16号。1960年4月16号下午3点之前的一分钟你和我在一起，因为你我会记住这一分钟。从现在开始我们就是一分钟的朋友，这是事实，你改变不了，因为已经过去了。我明天会再来。"

如此有趣的情话，怎会有人拒绝呢？反正苏丽珍不会。请听她的内心独白："我不知道他有没有因为我而记住那一分钟，但我一直都记住这个人。之后他真的每天都来，我们就从一分钟的朋友变成两分钟的朋友。没多久，我们每天至少见一个小时。"

这些有趣的情话乍听起来很俗，却很有效果。还有很多有趣的"创意情话"值得我们欣赏与借鉴。

案例 161　幽默口才让五星上将马歇尔抱得美人归

美国五星上将卡特利特·马歇尔年轻时参加了驻地的一次酒会。酒会结束后，他请求一位姑娘答应让他送她回家。这位姑娘的家就在附近，可马歇尔开了一个多小时的车才把她送到家门口。

"你来这里不是很久吧？"姑娘问道，"你好像不太认得路似的。"

"我可不敢那样说。如果我对这个地方不熟悉，我怎么能够足足开了一个

多小时的车，而一次也没有经过你家的门口呢？"马歇尔微笑着说道。

马歇尔的幽默打趣让这位姑娘顿时对他产生了好感，后来这位姑娘嫁给了马歇尔，成了他的妻子。

"眼睛可以容纳一个美丽的世界，而嘴巴则能描绘一个精彩的世界。"当我们遇到自己的意中人时，不要被她（他）的傲气所吓倒，而要保持冷静，用自己的幽默主动接近她（他）。如果我们成功地将对方逗笑了，那一切都可能变得顺理成章。

1. 搭讪开场白

（1）"嘿，别这样看着我，当心我爱上你。"

（2）"如果你打算继续这样看着我，至少跟我聊几句吧！"

（3）"你很害羞吗？因为我们已经在这里15分钟了，你还没过来跟我打招呼呢！"

……

2. 搭讪开场白对话

（1）"对不起，我不太习惯给陌生人留电话。"

"说得太对了，不能给陌生人留电话。这事怎么能习惯呢？绝不能习惯！就留这一次，咱们下不为例。"

（2）"我已经有男友了。"

"你有男友了，但我对你的男友真的没什么兴趣，我也不想认识他！"

（3）"啊，你吓了我一跳。"

"不好意思，只能先这样了，我实在一时想不出能认识你的安全方法，要不你继续走我们重来一次，这次我保证温柔一点儿。"

（4）"那留个电话吧！"

"为什么呢？"（犹豫）

"因为你不像坏人呀！"

"呵呵，不像坏人的多了。"

"哪里呀，你看周围，这个这个这个……他们都不像好人……"

（5）"你经常这样认识女孩吗？"

"只有遇到像你这样特别的女孩，我才会做出这么冲动的事情。"

> **沟通技巧**
>
> 陌生人的突然搭讪会使对方精神高度紧张，防备心理也会很重，这时准备再好的开场白也是枉然。因此，要给对方一个心理缓冲，最好选择对方有安全感且空闲的时候，尽量清楚地表明自己的来意。同时要运用三秒法则，出手要快，越犹豫越容易加剧气氛的紧张。

二、表白有套路，更容易俘获芳心

爱情需要表白，需要大声地说出来，但在说出口之前要先想一想，用点儿小套路。太直白的话语往往会令对方尴尬，而添加一些小情趣则会让人觉得很舒服。诙谐幽默、睿智风趣的话语才能让对方深切地体会到我们的心意。

爱情离不开幽默，表白更离不开幽默。幽默的求爱表白方式会更有魅力，更有使人欣喜的情趣。在与对方的交往过程中，如果我们能够扬长避短，为自己打造一个幽默风趣的形象，就会在不知不觉中赢得对方的欢心。

如果外表不够俊俏，不要怕爱情找不到自己，因为可以用幽默来改善自身的气质；如果工作不够体面，不要怕爱情找不到自己，因为可以用幽默来增强自信。幽默是爱情的润滑剂，可以让爱情更加甜蜜，那么如何使用幽默来进行表白呢？

案例 162　爱情可以很幽默，趣味表白有奇效

男孩对女孩说："我现在非常非常恨你。"
女孩被男孩突如其来的话吓到了，忙问："我怎么了，你就恨我？"
男孩回答道："因为你是'小偷'。"
女孩疑惑地问："我偷你什么了？！"
男孩严肃地说："你……你偷走了我的心。"

看似玩笑的对话却给女孩留下了深刻的印象，能把对方逗乐的表白自然也更容易俘获女孩的芳心。表白时，我们一定要掌握一些技巧，不能一味地软磨硬泡，惹人生厌。制造好感是求爱的必备工作，而运用新奇的幽默方式向对方求爱则是制造好感的重要手段。

案例 163　大文豪的另类表白：托尔斯泰的求爱之路

托尔斯泰很早就认识了莫斯科著名医生别尔斯一家，别人都以为他爱上了别尔斯家的大女儿，实际上他心中爱慕的是别尔斯家的二女儿索菲娅，只是苦于没有机会向她示爱。

这一年夏天，机会终于来了，别尔斯一家到孩子祖父那里度假，这里距离波良纳不远。托尔斯泰生日的这一天，他来到别尔斯客居的地方做客。当宾客快要散尽时，托尔斯泰留下来没走，他悄悄地请求索菲娅也留下来。

当客厅里只有他们两个人时，托尔斯泰用粉笔在桌子上写下几个字母给索菲娅看。这些字母是几个词的开头字母，排列起来的意思是：我爱的是你，而不是你家里所猜想的——你的姐姐。

聪颖的索菲娅脸顿时红了，微笑着默默示意，表示她已经懂了他的心思。托尔斯泰永远也忘不了这个时刻。这个有趣的求爱情节，后来被他写进了小说《安娜·卡列尼娜》中。

怎样向恋人表露自己的爱意，是一个困扰很多痴情男女的问题。虽然表白并没有固定的程式，但幽默是一种不错的选择。就算表白失败了，不会因此而尴尬，也不会对以后的交往造成影响。

案例164　别致的表白：你愿意和我一起变老吗？

日本电影明星柴田恭兵十分爱慕一位姑娘，但又不知如何表达爱意。一天，他终于鼓足了勇气，对姑娘说："不知你愿不愿意和我一起变成老头、老太婆呢？"

姑娘听后忍不住笑了，羞答答地点了点头。

这种幽默的表白可以缓解表白者的不安情绪，适合性格内敛、容易害羞的人。它没有直抒胸臆的热烈，却有脉脉温情，而其中的幽默色彩更是让对方心情愉悦。

案例165　情话小套路，让人无法拒绝的表白

"我给你讲个故事吧？"

"嗯。"

"从前有'我爱你'和'我不爱你'两个人，'我不爱你'死了，剩下谁？"

"'我爱你'啊！"

"我也爱你！"

幽默的表白寓庄于谐，既表达了自己的心意，又给双方留有回旋的余地。如果表白过于严肃，一旦遭到对方的回绝，就会产生极大的痛苦和尴尬。若能恰当地运用幽默的语言和豁达的态度来对待这个问题，即使我们无法得偿所愿，也不会有太多的麻烦。

生活中经常会有人因为不知怎样求爱，或方法不当，或言语不得体，使对方产生误解，甚至心生厌恶，本来美好的事情变得糟糕，以致双方不仅做不成恋人，反

第十章
爱情沟通有技巧，幽默能让女神丧失抵抗力

倒成了仇人。

> **沟通技巧**
>
> 将神圣的爱情寓于俏皮、逗趣的说笑中，让对方不知不觉地领会我们的心思。在幽默之中完成一次试探，既不显得羞怯，又不会出现难堪的场面。需要注意的是，幽默中必须带有一丝严肃，避免让对方真的误认为是单纯的玩笑。

三、情话说给爱的人，用幽默征服对方的耳朵

想要经营好一段感情，单单靠一开始的激情是远远不够的，有时还需要相互之间的理解，彼此之间的关爱，还有幽默的谈笑。幽默的人总能带来开心的能量。在爱情中，幽默可以增进彼此之间的感情，化解彼此之间的矛盾，温暖双方的心灵。

莎士比亚说过："你有舌头吗？如果你不能用舌头博取女人的欢心，你就不配成为男人。"在感情生活中，每个人都喜欢听到恋人幽默的语言，这会让人尽情享受恋爱的甜蜜。

男："你是我的太阳……不，你是我的手电筒。"
女："不是说太阳吗，怎么又变成手电筒了？"
男："不行，太阳普照着所有的男人，但我只希望你照着我一个人。"
这个比喻让男人的吃醋也变得有趣起来。
一位数学家同女友在公园里漫步，女友问他："我满脸雀斑，你难道真的不介意？"
数学家温柔地回答道："绝对不！我生来最爱跟小数点打交道。"
数学家既爱跟小数点打交道，也爱跟这个满脸"小数点"的女孩打交道。他的这个比喻可谓惟妙惟肖、风趣至极。
其实，除了刻意制造的幽默之外，一些无意间的小失误也是我们施展幽默才能的好机会。
阿正给他的女友发了一条短信："晚上8点，公元（公园）前见面。"
不久，他收到女友的回复："我生活在公元21世纪，无法与古人见面。"
女友故意将错就错，把阿正错发的"公元"当真，然后表示自己穿越不回去。

阿正看到女友的回复后，哈哈大笑。

一对情侣正在逛街，女友抱怨道："哎哟，脚好酸哦！"

男友紧张地问："怎么了？是不是踩到柠檬了？"

男友一语双关地安慰逛街脚累的女友，一定会让满嘴抱怨的她喜笑颜开。

（一）

男："你的腿一定很累吧？"

女："为什么？"

男："因为你在我的脑海中跑了一整天！"

（二）

男："相信我，我会让你成为世界上第二幸福的人！"

女："为什么不是第一啊？"

男："因为有了你……我就是最幸福的人！"

最好的情话就是幽默，一个恰到好处的幽默比直白的"我爱你"更能打动心爱的人，让对方绽放出甜蜜的微笑。

有时，恋人的互相调侃也是增进双方感情的一个重要途径。

（一）

女友："你竟然大我5岁，唉！"

男友："这不更好吗？要是我不比你大，你哪来嘲笑我的理由呢？"

（二）

女友："瞧你长的，惨啊！"

男友："这就是我比帅哥强的地方，帅哥用时髦的穿着和英俊的相貌跟你争夺美名，而我一身布衣做陪衬，让人家当我是你的司机。"

（三）

女友："追求我的人谁都比你有钱，我为什么会鬼迷心窍般地选了你呢？"

男友："穷人比有钱人更会关心女人，至少更关心女人的身材，跟着我你永远都不用为腰围发愁！"

爱情中的幽默不仅能为生活增添更多的情趣，还能让我们更具人格魅力。在与恋人相处的过程中，如果直白地表达无法打动对方，运用幽默的方式迂回地表达我们的情意，能让恋人无法抗拒。

> **沟通技巧**
>
> 对恋爱中的男女来说，表达爱意是一件很重要的事情，但如果天天重复"我爱你""我想你"，又不免让人感到无聊和厌烦。而幽默的情话可以时时给人带来新奇有趣的感觉，每次不一样的幽默都有种不一样的新奇趣味。

四、爱情有"漏洞",幽默来填补

你对自己的爱情束手无策了吗?面对千疮百孔的爱情你要束手就擒吗?在爱情的征途上,有时也会出现各种令我们"绝望"的情况,发怒、争吵、威胁、冷战、欺骗……如果我们精疲力竭,仍然搞不定自己的爱情,那么不妨试试用幽默来填补"漏洞"。

恋爱时,会有很多意想不到的问题考验我们的爱情,有些可能令人怒气冲冲,甚至暴跳如雷。此时,用幽默来缓冲遮挡一下,就可以减轻"意外"的打击,避免爱情的小船被风暴摧毁。

幽默是爱情的良药,只要我们时刻提醒自己放松,对那些严肃的事情采取一些轻松、幽默的态度,那么很多问题就可以轻而易举地解决。其实恋人之间的问题十之八九是因为"太较真",如果两个人都可以幽默、宽容一些,很多原则就有机会被放宽标准,也就能求同存异,包容对方。

案例166 幽默、爱情与宽容:换个心态,换个结果

如果对方放了我们鸽子,还拿不出一个满意的解释,与其张牙舞爪、厉声责问,不如对他(她)说:"没办法,谁让我养了一只路痴的鸽子呢!"

如果对方在网上和一些陌生的异性接触,与其不依不饶,不如委婉地说:"唉,亲爱的,其实你用不着找这么多参照物来证明我是最好的……"

幽默可以让一场火药味十足的争吵戛然而止。面对愤怒的恋人,特别是他(她)兴师问罪的表情,最好的方式就是用幽默化戾气为祥和。

案例167 面对女友的兴师问罪,一句话摆平所有麻烦

女友火冒三丈地问:"为什么我打了10个电话你一个也没接?你背着我干什么了?!"

男友回答道:"因为我正戴着耳机,学习用18国语言说'我爱你'……所以没听见手机铃声。"

很多时候,对方需要的不是一个解释或答案,而是一种态度。如果我们能用自己的机智和幽默把对方逗笑,那么所有问题都将迎刃而解。

幸福的爱情不只有浪漫和激情,还有争吵与伤害,有时幽默不仅可以加深双方

的感情，还能挽救分道扬镳的两颗心。在幽默的语言和行为背后，往往是一份沉甸甸的爱。

当然，生活是具体的，爱情是复杂的，我们需要自己在生活中提升幽默能力，创造属于自己的爱情智慧。

> **沟通技巧**
>
> 在对方生气时，有种幽默方式非常有效，那就是"鹦鹉学舌"。简单来说，就是学对方说话，对方说什么，我们就学什么。如果对方气势汹汹，我们也假装气势汹汹，但要学得搞笑一些，这样就很容易将对方逗笑。

五、把握分寸，别让幽默成为爱情的刽子手

一个幽默风趣的人，可以轻松地让恋人陶醉在爱河之中。不过恋人之间的幽默也要慎用，因为女性需要的不只是幽默，还有男性的"力感"，因此爱情幽默要注意把握分寸，只有在"力感"的晕轮效应达到一定程度后，再适当地使用幽默来增强美感，才能取得较好的效果。

案例168 哪只兔子下雨打伞

一对情人去买兔皮大衣，女方很喜欢一件黑色的兔皮大衣，但担心雨雪天气不能穿，于是就问男友："它怕雨雪吗？"

男友幽默地回答道："当然不怕，你看过哪只兔子下雨打伞呢？"一句话就把女方和售货员都逗笑了。售货员对着女孩一直夸他的男友不仅帅气，而且幽默风趣，让人羡慕。

这么幽了一默后，大家都为之一笑，可谓巧妙绝伦。但并不是所有人都能掌握这种幽默技巧，有的人就常常因为玩笑过度而难以收场。

案例169 一个过火的玩笑差点儿毁了一份感情

刘超正在热恋中，一次出差归来和女友聊天，当女友问他出差这么久有没有开小差时，刘超兴致上来了，开了个自以为很刺激的玩笑。

"嗨，你知道吗？我这次出差，在火车上遇到一位非常漂亮的姑娘。那姑

第十章 爱情沟通有技巧，幽默能让女神丧失抵抗力

娘对我很有好感，下车后又请我跳舞，又陪我逛街，一周我们就见了5次面呢！"

女友听了他的话以后信以为真，芳心大乱，于是她又气又恼，愤然离去。后来才知道这些都是刘超编的，一个过火的玩笑差点儿毁了他们之间的感情。

为了增加乐趣，恋人之间有时难免会开开玩笑，不过开玩笑也要有个度，若是开得过了火，就会适得其反。

> **沟通技巧**
>
> 恋人之间有许多玩笑属于禁区：不要轻易地拿对方的外貌开玩笑，不要拿双方的感情开玩笑，不要拿对方与其他人做比较。除此之外，还要根据对方的性格和心情来把握幽默的尺度，性格开朗、心情愉悦的人更能接受玩笑，性格内向、心情低落的人则比较敏感。

六、委婉拒绝，巧妙发张"好人卡"

爱情是人类永恒的主题，不论你是英俊、帅气的男士，还是漂亮、性感的女生，都不可避免地会遇到异性的追求。但并不是所有的追求都能如愿以偿，很多时候是"落花有意，流水无情"。面对自己不喜欢的人，果断拒绝没有错，但在方式上一定要多加斟酌。

任何人都有爱与被爱的权利，而被人追求、示爱，总是一件值得骄傲的事情。如果双方两情相悦，那么正好情投意合；如果只是"襄王有意，神女无情"，那就坦白地拒绝即可。然而，直接拒绝不仅会伤害对方的自尊心，而且有时也有损自己的形象。因此，一个两全其美的拒绝策略就显得很重要。

面对他人的求爱，我们不仅要用简单的语言把自己的意思表达清楚，还要适当地幽默，避免对方难堪。如果我们的幽默拒绝能让对方在笑声中接受被拒绝的现实，那会是最完美的结局。

案例170 杨绛先生一语双关，劝费孝通别"知难而上"

杨绛在东吴大学读书时，以"洋囡囡"的绰号闻名全校，据传其追求者有孔门弟子"七十二人"之众。在这些追求者中有个叫费孝通的人，和杨绛是青梅竹马，小时候一起念过几年书，后来又在东吴大学重遇，于是他俨然以杨绛的保护

人自居，说什么凡是要追求杨绛的，都要走他的门路。杨绛听说后，不以为然。

就在费孝通一厢情愿时，杨绛和钱钟书在清华大学初遇。正当钱杨二人鸿雁传书，感情日渐升温时，费孝通又来清华大学找杨绛，他理直气壮地表示自己更有资格做她的男友。杨绛明确地拒绝了他，他还不死心，提出还要继续做朋友。杨绛直截了当地回应道："朋友，可以。但朋友是目的，不是过渡。换句话说，你不是我的男友，我不是你的女友。若要照你现在的说法，我们不妨绝交。"费孝通倒是通情达理，后来还和钱钟书做起了朋友。

钱钟书过世后，费孝通曾经上门看望杨绛。杨绛送他下楼，语带双关地说："楼这么高，今后你就'知难而退'吧！"费孝通与杨绛，从友谊始，到友谊终。

杨绛在钱钟书心中是"最贤的妻、最才的女"。她用自己的情商完美拒绝了暗恋她的费孝通。可以这样说，在处理情感关系上杨绛依然保持了她的幽默和睿智。

案例171 故作糊涂，委婉拒绝男同事的求爱

乔颖才貌出众，让公司里的很多男士为之倾倒，那些未婚青年争先恐后地向她射来丘比特之箭，这让乔颖难以招架。

面对这些自己根本没有兴趣的求爱，乔颖只能选择拒绝。可她又不想直接拒绝同事，害怕会恶化同事之间的关系，影响自己事业的发展，一时不知所措。

一天，又有一位男同事给乔颖送来了一封情书。她拿着情书坐在电脑前面愁眉不展，不知道该用什么方法拒绝。突然，她脑中灵光一现，想出了一个妙计。她先是将对方的求爱信打印了出来，然后和底稿一起交还给当事人，并且微笑着告诉他："你让我帮忙打印的材料，我已经一字不错地全部都打印好了。现在我把它交给你。不过工作越来越忙了，以后我可就没有时间再帮你打印喽！"

这位年轻人立刻明白了乔颖的拒绝之意，以后就不再给她写情书了。

有幸得到别人的爱慕是一种难得的缘分，即便无法接受，也应该用自己的智慧巧妙地予以拒绝。就像案例中的乔颖一样，故意误解对方的意思，用打印材料做掩饰委婉地拒绝了求爱者。这样能使对方不损颜面，再见面时也不会过于尴尬。

案例172 爱情哲学：唯"心"与唯"物"

姑娘："你真的爱我吗？"
小伙："当然是真的，我发誓！"
姑娘："那你用什么证明你的爱呢？"
小伙："用我这颗赤诚的心。"

姑娘:"对不起,再见!"
小伙:"你怎么啦?"
姑娘:"你是唯'心'主义者,可我是唯'物'主义者。"

谈恋爱还要看哲学,这位姑娘的拒绝方式可谓新奇有趣,令人忍俊不禁。如此巧妙的拒绝方式,哪怕对方心中再有不甘,也不会因此而产生怨恨。采用这种方式拒绝求爱,既能将自己的意思传递给对方,又能让求爱者会心一笑。

> **沟通技巧**
>
> 拒绝他人求爱时,加上一些自嘲和对对方的赞许,不仅是一种良好教养的表现,也是一种得体的处世方法。例如,面对对方的当众表白,我们可以这样说:"你也太不厚道了,又拿我这个大龄剩女开玩笑!我可是非×××不嫁的,以后谁也不许和我开这种玩笑了啊!"

七、屡试不爽的爱情沟通五种幽默方式

虽然幽默不是赢得爱情的灵丹妙药,但如果没有幽默很难收获芳心。人们都愿意接受正向情绪,能给别人带来快乐的人一定会受欢迎;相反,无法带给人正向情绪的人很难快速获得别人的青睐。幽默不但可以最直观地提供情感上的价值,还可以影响对方的情绪,所以幽默也是一种智慧,一种高价值体现。

下面分享五种关于爱情沟通的幽默方式,即误解式幽默、夸张式幽默、意外式幽默、调侃式幽默和自大式幽默。

五招幽默技巧:夸张式、意外式、调侃式、误解式、自大式

1. 误解式幽默

误解式幽默是对字义、字音、字形、语法、语句和语义等产生误解,进而制造幽默效果。

一位姑娘与男朋友发生了矛盾,姑娘生气地说:"你这个人太不像话了,你长心了吗?"

男朋友不动声色地回答道:"那需要解剖以后才知道。"

很明显,这里的幽默载体是具有一词多义的"心",幽默主体是姑娘的男朋友,

幽默客体则是姑娘。根据语境，我们知道姑娘说的"心"是"良心"，是"对女朋友的一种爱"，而男朋友则故意把它理解为"心脏"。

2. 夸张式幽默

夸张式幽默是对事、人、物及其他一切进行夸张化表述，使其变形到可笑的程度。

男孩鼓足勇气拉住了女孩的手。

女孩看了他一眼，疑惑地问道："怎么了？拉我干吗？"

"有个蚂蚁，别把你绊倒了！"

3. 意外式幽默

意外式幽默其实是三段式，它通过反差制造意外，进而对事、人、物及其他一切进行意外化表达，最后形成幽默的效果。

陶倩和男朋友在外面逛街时，看到一只漂亮的宠物猪，脖子上挂着蝴蝶结，可爱至极。于是，陶倩指着那只宠物猪，对着男朋友深情地唱道："长大后你就成了它……"

4. 调侃式幽默

调侃式幽默是对事、人、物等进行调侃，以达到幽默的效果。

"我发现你身上有两种美。"

"哪两种？"

"内在美和外在美！"

5. 自大式幽默

自大式幽默实际上是一种"秘密"语言，它的力量不仅在于所使用的词汇，还在于说话时的"信念"与"态度"。

"你的衣服有点儿不合身。"

"人已经够帅了，如果衣服再合身的话，那走在路上回头率120%，让别人怎么活啊！"

当然，要想学会幽默，最主要的是自己要多去思考，多领悟这些技巧，然后在日常生活中发挥出来。但也不能生搬硬套，一定要根据当下的情境和语境灵活运用。

> **沟通技巧**
>
> 幽默是要建立在双方有共同话题之上的，如果两人根本没有沟通的话题，那么再幽默的话语也不会有发挥的空间。因此，幽默只是一种辅助的沟通手段，不能喧宾夺主，否则可能会被误认为油嘴滑舌。

第十一章

机智、俏皮，不做家里最不会说话的那个笨嘴舌

很多人觉得自己嘴笨，经常因为不会说话惹怒爱人甚至长辈，也不知道通过怎样的沟通方式教育孩子。其实谁也不想做家里最不会说话的那个笨嘴舌，学得机智、俏皮一些，家中就会充满幽默、快乐的气氛，平淡的生活也变得生动起来。

一、生活是琐碎的幽默，不能只看到琐碎而忽略幽默

"幽默是一种优美的、健康的品质。"有了这种品质，家庭生活就会变得妙趣横生。

然而，在某项社会调查中，61.7%的女性受访者认为丈夫缺乏幽默感，80.4%的男性受访者认为妻子不够幽默，而子女认为父母毫无幽默感的高达88%。可见，家庭幽默感的缺乏已经成为一个比较严重的问题，这必将影响人们的生活情趣与幸福感。

很多人觉得生活中只有无数的琐碎，却忽略了其中的幽默情调。在读书、看电视或者谈话聊天时，一个小小的幽默就能让人会心一笑，忘掉很多烦恼。生活中的磕磕绊绊本来就多，如果我们能把争吵和埋怨变成小小的幽默，那即便是发脾气或者闹情绪时，也能把唇枪舌剑和你来我往的怨言变成幽默，毫不费力地化解矛盾，缓解对立情绪，快速消除家庭成员之间的隔阂。

在生活中，说几句诙谐幽默的话，做几个搞笑有趣的动作，讲几个好笑而又意味深长的故事……偶尔还可以像说相声那样抖几个"包袱"，家中自然会充满笑声。

案例173　不讲理的婚姻生活：这就是幸福

老婆："你娶了我是不是特别幸福？"

老公："没觉得，你又不讲理，又不干活，还老折腾人，我怎么会幸福啊？"

老婆："这就是你的幸福啊！我不讲理，要不是我牺牲自己，能反衬出你的宽容与大度吗？我不干活，就培养了你呀，技多不压身，你能力强还不好吗？我折腾人，你的生活才更有情趣呀，你看你的生活就不像别人那么单调吧！"

在生活中，这种润滑剂似的幽默需要经常出现，因为它能让人们从平淡中找到一种生活的乐趣。无论在什么样的情况下，一对善于利用幽默点缀自己生活的夫妻，一定会比其他死气沉沉的家庭过得幸福与开心。

案例174　幽默夫妻乐事多，买件衣服都有趣

老婆："我病了。"

老公："怎么了？"

老婆："气温上升使我内心焦虑，心情烦躁，抓心挠肝，总觉得看哪都不顺眼。"

老公:"说人话!"

老婆:"换季了,想买几件衣服。"

当我们打算给爱人提出一些要求时,与其直接表达,不如换种幽默的方式提出,让对方在轻松、愉悦的氛围中答应我们的要求。一个笑话、一则故事或一句妙语、一段趣谈就可以让我们的请求变得难以拒绝,让对方乖乖地答应。

案例 175　幽默让离家出走的妻子回心转意

一对夫妻正在激烈地争吵,妻子说:"这哪儿像个家,我再也不能在这样的家里待下去了!"说完,她拎起自己的皮箱夺门而出。

她刚出门,丈夫就在后面喊道:"等等,你忘了带一件重要的行李啊!"

妻子问:"什么行李?"

丈夫答道:"我呀,老公就是你重要的行李啊!"

一句话竟然让妻子破涕为笑,老公急忙把妻子请回了家门。

幽默无处不在、无时不有,哪怕夫妻双方出现矛盾时,也可以在其中找到可以逗乐对方的好点子。只要用心观察,细心体会,总能在生活的琐碎中找到值得幽默的事情。幽默能使家庭永远沐浴在和风细雨中,使夫妻之间的关系远离紧张、冲突,永远和谐、美好。

> **沟通技巧**
>
> 任何事物的存在都是有条件的,幽默也不例外,它需要家庭的每个成员用足够的宽容和理解去担当。如果不想让平淡的油盐酱醋茶磨平自己对生活的热情,我们就要学会理解与包容,微笑面对生活。

二、避免感情危机,学点儿"灰太狼"的幽默哲学

小朋友和成人一起看《喜羊羊与灰太狼》时,小朋友总为喜羊羊的机智拍手叫好;成年人却被灰太狼的坚持所感动,因为他们从灰太狼的身上看到了自己的影子。

灰太狼不像我们传统印象中的狼那般残暴、狡猾,相反他有点儿笨笨的,有点儿怕老婆,爱耍小聪明,爱贪小便宜。最重要的是他能永远保持着乐观的心态,纵然每次回家都会被

老婆用平底锅痛打，纵然每次抓羊的历程都不顺畅，纵然抓到了羊还是会让他们逃走，纵然每次都没有好果子吃，但他总会以一句"我一定会回来的"来结束一次次的失败。试想，又有多少人能够如此坦然地面对生活中的挫折和失败呢？

灰太狼这抹幽默的灰色，其实是生活中最鲜明的色彩。它对妻子的一片真心，它的屡战屡败、屡败屡战的精神，更重要的是他那积极、乐观的心态，都是值得我们学习的地方。尤其是当夫妻之间出现矛盾或感情危机时，利用灰太狼的幽默哲学，就有可能扭转局面，让对方破涕为笑。

案例 176　一个男人的幽默道歉

有一对夫妻一起去参加朋友聚会，可走到半路妻子莫名其妙地呵斥起丈夫来。丈夫平时对妻子言听计从，可今天竟来了牛脾气，一扭头回家了，头一次把妻子丢在马路上。妻子当时气得眼泪都快流出来了，但她不想认输，于是自己单独去参加朋友聚会。

晚上11点妻子回家，见家里灯都关了，心想丈夫应该是睡着了，便没有按门铃。当她掏出钥匙开门时，发现门上贴着一张纸条，上写："你必须向我道歉！"妻子愤愤地想，我还没有找你算账呢！

进门后开灯关门，发现门后又贴着一张纸条，上写："或者把我皮鞋擦亮也行！"妻子心里骂道："呸，我才不给你擦呢！"换鞋时发现拖鞋上又有一张纸条，上写："呸，不给你擦！"

妻子感到有些好笑，然后就去洗漱，发现口杯上又有一个纸条，上写："如果你不知道该怎样向我道歉的话，书桌上有提示！"妻子急忙跑到书桌旁，只见桌上放着半页纸，正面写着："把背面的话对我大声念两遍就行了！"翻到背面，只见上面贴着一张报纸上撕下来的广告，广告词是这样写的："做女人，每个月都有几天心烦的日子……"妻子紧绷的脸上浮现出一丝笑容，气已经消了一大半。

洗漱完后，妻子上床睡觉，看见丈夫扭头在一边睡着了，于是就没有搭理他。妻子打开床头灯想看几页书再睡，这是她多年来的习惯，结果发现书里面又有一张纸条，上写："我知道你心里已经很难过了，你觉得对不住我，有点儿难过了就行，也不必自责。其实我也该检讨，要不是我发现马路对面表哥他们正想看我的笑话，我是不会跟你作对的。男人嘛，除了在外人面前要点儿面子外，谁会没事跟自己老婆过不去呀！"

妻子心里一阵发热，觉得自己是有点儿过分了，对不住丈夫，便双手抱着他的头，扳过脸来，却发现老公脸上赫然写着两个大字："亲我！"

"不吵不闹不成夫妻"。两人在一起生活久了自然会出现争吵，而化解矛盾、避

第十一章
机智、俏皮，不做家里最不会说话的那个笨嘴舌

免感情危机的最好方法便是幽默。假如在争吵中能够即兴发挥，说几句诙谐有趣的话语，那么再紧张的场面也可能会轻松起来。

案例 177 被赶得满军营跑的戚继光

戚继光，明朝抗倭名将，杰出的军事家。在抗击倭寇 10 余年中，他冲锋陷阵眼睛眨都不眨一下。但是，这位天不怕地不怕的汉子居然怕老婆。

戚夫人出自官宦之家，自幼喜欢舞刀弄剑，功夫甚至比戚继光还要厉害。而且她性格比较泼辣，经常会跟戚继光动手，每次戚继光都会被打得落荒而逃。

有一次，戚继光被揍之后，一直逃到了军营里。一帮兄弟们看戚继光被揍得很惨，就怂恿他说："将军，您老婆也太不像话了，不如我们在帐中设伏，找人把她叫到军中大帐来，然后我们大家刀枪剑戟一起上，把她收拾一顿，给您解解气。"

戚继光一听，心里一发狠说："好，就这么办！"于是，他命令亲兵去家中把老婆诓到大帐来，说有急事相商。然后，戚继光跟他这帮兄弟们个个刀剑出鞘，杀气腾腾地等着戚夫人的到来。

过了不一会儿，戚夫人来了。人还没进入大帐，戚继光只听得帐外一声吼："你没事儿叫我来干什么？"然后把帐门啪地一挑，戚夫人柳眉倒竖，大踏步地就走了进来。

大家都看着戚继光，等着他一声令下，一拥而上。只见戚继光看老婆进来后大摇大摆地在帐中一站，不由得虎目圆睁，一脸肃然。他啪地一拍桌案就站了起来，左手一按肋下的宝剑，右手夸张地往空中一挥，说了一句话："特来请夫人阅兵！"

兄弟们实在控制不住了，笑得前仰后合。戚夫人也不客气，把这些攥着刀、摁着剑的男人们一个个打量了一番之后，话都没一句，鼻子里只哼了一声，然后扬长而去。

这个有趣的故事我们自然不可当真，不过戚继光与妻子相处之道确实与灰太狼夫妻颇为神似。当然，"世上没有怕老婆的男人，只有尊重老婆的男人。"只要能保证家庭和谐，自己又能接受，这又何尝不是对老婆满满的爱呢？

> **沟通技巧**
>
> "新家庭守则"："第一条：太太永远是对的；第二条：如果太太错了，请参照第一条。"夫妻之间需要的是相互尊重和宽容，而不是斤斤计较。宽容与忍让会让家庭更加幸福、快乐，而过于计较肯定会滋生矛盾，影响家庭和睦。

三、教育孩子不是说教，用幽默填平代沟

中国传统的家庭教育大都偏于严肃，多信奉"三天不打，上房揭瓦""棍棒底下出孝子"的教育哲学。在这种思想的影响下，父母与孩子往往长期处于一种对立紧张的关系。长此以往，家长与孩子之间就可能形成一道难以逾越的心理鸿沟。

家庭教育的方式多种多样，但总的说来不外乎严厉、平和和幽默三种。严厉式教育可以威慑孩子，但容易激起孩子的逆反心理；平和式教育可以使孩子与父母平等相处，但由于语言平淡，不疼不痒，常常是被孩子当作耳旁风；幽默式教育则可以触动孩子的活泼天性，在他们心中留下不灭的印迹，使他们更容易接受父母的教育。

幽默是父母与孩子之间有效的沟通方式之一。在教育孩子时，若能做到"寓教于乐"，那再顽皮、再固执的孩子也会有所转变的。幽默不仅仅是一种教育手段，更是一种乐观精神，而正是这种乐观精神反映了教育的人文本质。

案例178 钱钟书：不仅是一个幽默的男人，更是一个有趣的父亲

在民国名人录中，若论博学、风趣、有痴气，大概非钱钟书莫属了。更为难得的是，在女儿钱瑗面前，钱钟书是一个相当有趣的父亲。

钱钟书行事调皮如顽童，曾趁女儿睡着时用墨笔在她脸上画胡子，在肚皮上画鬼脸；他经常编顺口溜，为女儿起满箩筐的绰号，以"猪噘嘴、牛撞头、蟹吐沫、蛙凸肚、红猢狲"等形象的称呼来戏弄；他爱玩"埋地雷"的游戏，喜欢在女儿的被窝里埋藏玩具、书本、小梳子、小镜子等物品，令女儿措手不及，哈哈大笑，然后女儿乐此不疲地一一"扫雷"；他热衷于教女儿外文单词，但常是些略显粗鄙的话，女儿小小年纪不明所以，在外人面前鹦鹉学舌一样一顿叽里呱啦，引得客人们都捧腹大笑，这时女儿洋洋得意，塌鼻子都翘了起来。

就是这样一个如顽童般有趣的父亲，深深地爱着自己的女儿，花费心思灌以心血，陪伴她，照顾她，引她熟知万千世界，令她在风雨飘摇的乱世里度过了无忧无虑的欢乐童年。

很多家长都是以不苟言笑、严肃沉静的形象出现在孩子面前，尤其是父亲，似乎总是一副严肃的形象，但其实一个有趣的父亲对孩子来说才是最大的幸运。一个有趣的父亲是孩子一起疯玩的伙伴，是孩子无话不谈的朋友，让孩子在欢声笑语中感受到父爱的温暖，在潜移默化中产生对美好生活的挚爱。

第十一章
机智、俏皮，不做家里最不会说话的那个笨嘴舌

案例179　爸爸答女儿问：爱情与亲情

女儿："什么是爱情？"

爸爸："爱情是就是爸爸什么都没有，妈妈依然嫁给了爸爸。"

女儿："那什么是亲情呢？"

爸爸："亲情就是妈妈绝不会让你嫁给一个什么都没有的人。"

一个幽默睿智的家长更懂得与孩子平等相处，互聊心事，引领孩子去探寻未知的世界，利用诙谐巧妙的方式将复杂的世界讲述给他们。

案例180　男生用砖头砸同学，陶行知却奖励他四颗糖

陶行知当校长的时候，有一天看到一位男生用砖头砸同学，便将其制止并叫他到自己的办公室里。当陶行知回到办公室时，男孩已经等在那里了。

陶行知掏出一颗糖给这位同学，说："这是奖励你的，因为你比我先到办公室。"接着他又掏出一颗糖，说："这也是给你的，我不让你打同学，你立即住手了，说明你尊重我。"

男孩将信将疑地接过第二颗糖，陶行知又说道："据我了解，你打同学是因为他欺负女生，说明你很有正义感，我再奖励你一颗糖。"

这时男孩感动得哭了，说："校长，我错了，同学再不对，我也不能采取这种方式。"陶行知于是又掏出一颗糖，说："你已经认错了，我再奖励你一块。我的糖发完了，我们的谈话也结束了。"

一个有趣的家长在孩子心中的地位要明显高于一个严肃内敛、一本正经的家长，与不怒自威的家长相比风趣幽默的家长更容易亲近。因此，陶行知的教育方式值得我们借鉴与学习。

> **沟通技巧**
>
> 幽默不等于放纵，玩笑也不等于纵容。在教育孩子的过程中要做到外柔内刚，幽默只是一种手段或方式，是非观、价值观等才是真正的核心内容。要避免本末倒置，让孩子失去基本的认知判断，将一切都当作玩笑，那样就得不偿失了。

四、幽默可以跨越年龄，帮助子女与年老的父母沟通

许多年老父母的生活观念根深蒂固，不可改变。因此，在与他们进行沟通时，别试图用语言去动摇父母长达数十年形成的价值观，因为没有人会愿意听别人几句话就改变自己的人生信条，承认自己的许多坚持没有价值。幽默却是讨父母欢心的一种有效的方式。在朋友面前，油嘴滑舌或许不会讨人喜欢，但在父母面前这一套可能会很吃得开。

案例181　祖孙三代的有趣"斗争"

祖孙三人正在一起看电视，结果孙子玩耍时不小心把爷爷的茶壶打碎了。爷爷非常生气，找来一根木棍狠狠地揍了起来，嘴里还念念有词道："棍棒之下出孝子，黄金棍下出好人。"偏偏孙子是一个倔脾气，咬紧了牙，忍着疼痛，不愿向爷爷求饶。

当父亲的心疼自己的儿子挨打，却又不好劝阻自己的父亲停下来，一时间心急如焚。突然，他急中生智，找来一根木棍，开始自己打自己，并且大声地对自己的父亲说："您打我的儿子，我也打您的儿子！"

这位老父亲在听到儿子的话后，非常欣赏儿子的机智与幽默，一时间对孙子的气也消了一大半，便不再追着孙子打了。

为了制止自己的父亲打自己的儿子，他并没有出于护子之心而与自己的父亲针锋相对，而是运用幽默化解矛盾，让一场风波消弭于无形。

案例182　儿子用一张"白纸"，改变父亲子承父业的想法

有一位画家从小就让儿子学习画画，希望儿子能子承父业。但儿子对画画一点儿都不感兴趣，但迫于父亲的威严又不得不勉强为之，这样的日子让儿子苦不堪言。

儿子16岁生日的那天，父亲一大早便要求儿子画一幅画来庆祝。片刻过后，儿子拿着一张白纸交给父亲，说已经画好了。

父亲不解地问："你的画呢？"

"爸，在这张纸上，你可以看到一匹正在吃草的马。"

"草在哪儿？"

"被马吃光了。"

第十一章
机智、俏皮，不做家里最不会说话的那个笨嘴舌

"那马呢？"

"草被吃光后，它就走了。"

画家突然明白了什么，从此不再让儿子画画了。

试想，如果儿子把对父亲的不满强压在心里，久而久之父子关系就会越来越疏离。而且由于不喜欢，儿子也不可能把画画好，只能白白地浪费时间，影响自己的发展。但是，如果儿子采取过于激烈的方式进行反抗，必然会导致父亲大为恼火，最后父子失和。如果晚辈可以对长辈采用适当的幽默表达自己的观点，就会使沟通气氛变得轻松、自然，有助于双方的沟通和互相理解。

案例183　爸爸不是篮球、排球和足球，而是橄榄球

有位老人对子女们这样说："当爸爸啊，就好像是一个球。在利用价值最高的时候，孩子们你争我夺，常常伸手要钱，在这个时候爸爸就像篮球一样。等到这个做爸爸的退休以后，开始失去利用价值，孩子们就你推过来、我推过去，这个时候爸爸就像是一个排球。当这个爸爸年纪愈来愈大、行动不便、经常生病时，孩子们就你一脚、我一脚，唯恐踢不出去，怕给自己家里增加麻烦，这个时候爸爸就像足球一样。"

子女们一听，惊讶之余深表惭愧，几乎异口同声地说道："爸爸，您既不是篮球，也不是排球，更不是足球，而是橄榄球。我们宁愿摔得腰酸背痛，全身都是泥土，也要把您紧紧抱住不放！"

听到子女们的表态，老人脸上写满了幸福和欣慰。

老人用一组形象的比喻，幽默地批评了子女们对自己的忽视，而子女们则借用同样的比喻向老人表达自己的孝心。这样的沟通明显比相互之间的指责或训斥有效得多。

> **沟通技巧**
>
> 如果老人本身很严厉不喜欢幽默,那就不要跟他开玩笑,免得惹其生气;如果老人性格温和,并不介意玩笑话,跟其幽默更能增进感情。另外,在与老人沟通时,首先要有一颗礼敬他们的心,毕竟单纯为了幽默而幽默是无法让其接受的。

五、谁说婆媳一定是天敌,握手言和不是事儿

"家家有本难念的经",其中最难念的一本就是"婆媳经"。在家庭中,两代人之间的矛盾和冲突,最明显和最常见的就是婆媳关系了。婆媳不合甚至已经成为影响家庭和睦的一个重要社会问题。那么,怎样才能念好这本"难念的经",使婆媳和睦相处呢?不妨试试幽默沟通法。

案例 184　名字再难听,也是我的官方称呼

婆婆是个有口无心的人,经常想到哪儿说到哪儿。有段时间,婆婆老说儿媳的名字不好听,土气,像老太太的名字。

这一天,儿子和儿媳来家里看望父母。不知道怎么起的头,婆婆一边做饭一边说:"你的名字真难听。"听到这句话,大家都愣了。

儿媳也非常尴尬,但她了解老人的脾气,于是大声地说道:"妈,我的名字再难听,那也是我的官方称呼啊!"

儿媳一句话将所有人都逗笑了,尴尬的气氛一扫而光,而此时婆婆也意识到了自己说话不妥,被儿媳的大度所感动。

第十一章
机智、俏皮，不做家里最不会说话的那个笨嘴舌

婆媳之间最容易产生矛盾，但如果能多一些幽默，一切都不是问题。人们常常说丈夫是调和婆媳关系的关键，但夹在两个女人之间的男人才是最为难的。如果将一切矛盾都加到丈夫身上，那最后的结果不是母子失和就是夫妻不睦，让家庭关系彻底崩塌。

因为婆婆和媳妇来自不同的家庭，生活习惯、思想观念、价值判断等各方面都会千差万别，难免会发生一些不愉快。但只要双方能够保持相互沟通，用幽默的语言表达自己的想法，双方的关系自然会十分融洽。总之，婆媳之间要多一些幽默，少一些冷漠；多一些牵挂，少一些抱怨，双方互相关照，家和才能万事兴。

案例185　以礼还礼

每次回家，婆婆看见儿子和媳妇提着很多东西，总会说："大老远的，这些东西家里都有卖的，以后就不要带了，太麻烦。"

听到婆婆的"抱怨"，媳妇幽默地回应道："妈，亲戚串门都会带点儿水果，我们回家哪能不带点儿'礼'呀！"

婆婆说道："好，好，想着你们大老远的回家，我也没啥招待你们的，一早就去菜市场买了些海鲜，这叫'以礼还礼'。"

第二天下午夫妻俩就要回去了，婆婆给他们准备了很多东西。媳妇一直推让，让婆婆把这些东西留在家里，并提醒她以后不要刻意花钱去买了，这些东西自己那里都有卖的。

婆婆笑着说道："你们每次回来都大包小包的，其实那些东西家里都有卖的，但你们还是带了，现在你们要回去了，我得'还礼'呀！"

听了婆婆的话，儿媳最后还是笑着收下了。

婆媳之间关系的维护需要双方共同的努力，当婆媳双方共同致力于维护双方的关系时，一切问题自然都会迎刃而解。这其中更重要的一方是儿媳，因为作为晚辈，儿媳更有机会与能力去讨好婆婆，用幽默的方式与婆婆沟通，让自己成为婆婆眼中乖巧孝顺的儿媳。

案例186　小孙子带来的双重快乐

一到周末，年轻的夫妻就会将孩子交给奶奶照顾。这一天，儿媳又将孩子带过来交给孩子的奶奶。虽然奶奶很疼爱孙子，但毕竟自己年纪大了，最近又一直腰疼，照顾孙子实在有些吃力。可是，既然儿媳已经将孙子带来了，自己也不好拒绝。

奶奶说:"孙子来能给我带来双重快乐。"

儿媳不解地问:"妈,这是什么意思?"

奶奶笑着解释道:"他来了,我很高兴;他走了,我也很高兴。"

儿媳听完后,悟出了话中的含义,于是以后就不经常把孩子推给婆婆了。

在婆媳相处过程中,利用幽默的方式向对方提出意见或表达不满,可以让其在欢笑中与自己达成妥协。其实无论是长辈还是晚辈,幽默都是不可缺少的一项沟通技能。很多时候,几句俏皮的话,几句贴心的关爱,就能让双方化干戈为玉帛。

> **沟通技巧**
>
> 儿媳要学会换位思考,多从丈夫与婆婆的立场思考问题。当自己对婆婆有意见时,最好通过幽默的方式来提出,或者由丈夫转述,避免直接冲突。婆婆也要顾及儿媳的感受,多给儿子与儿媳留出自由生活的空间,避免过多干涉他们的生活。

六、打响婚姻保卫战,让爱情起死回生

两个人的结合就像两种乐器的合奏,由于双方的音色和音质各不相同,所以双方的协调与合作就非常重要,只有互相配合,才能演奏出一曲动听的音乐。在生活中,夫妻之间难免会出现误会或矛盾,如果双方各不相让,就会让婚姻变得岌岌可危,而此时幽默就成为最好的救火队员。

案例187 夫妻争吵双双离家出走,却又剧情反转握手言和

有一对年轻夫妻婚后经常吵架。在一次争吵中,妻子生气地说:"天哪,这哪像个家,我再也不能在这样的地方待下去了!"说完,她就提起自己的皮箱夺门而出。

妻子刚出门,丈夫便大声喊道:"等等我,咱们一起走!天哪,这样的地方有谁能待下去呢!"说着,丈夫也提起自己的皮箱,赶上妻子,并把她手中的皮箱接了过来。

结果不知他们在哪转了一圈又一块回家了,这时他们的神情竟然像刚刚度过蜜月一样。

有时一句幽默的话语就可以挽救一场濒临破裂的婚姻。不管对方多么生气,不管气氛多么紧张,幽默可能会打破这一切,让气氛活跃起来。当对方从愤怒的心情

中解脱出来以后，一切问题自然也就迎刃而解了。

案例 188　考验老公出事端，反倒治好自己的"疑心病"

有一妻子疑心很重，日子过好了，总担心丈夫不要她，于是经常忧心忡忡、疑神疑鬼，结果反倒让两人的关系越来越疏远。这天，妻子留张字条在桌子上："我和你过够了，真的过够了！我走了！"然后躲在床下，准备观察丈夫的反应。

丈夫回家看到字条后，又唱又跳，一边换衣服，一边打电话："宝贝，那个女人终于走了，和她结婚真是瞎眼了，你等我，我马上去见你！"咣！关门走了！

妻子没料到会是这样的结果，于是悲痛欲绝，哭着从床下爬出来，准备打包离家。这时候她发现桌子上的纸条多了一行字："你个白痴，我都看到你的脚了，我去买菜了！"

经过这件事后，妻子对丈夫的信任感大大增强，再也不胡乱猜疑了。

幽默不仅可以化解双方的矛盾，还能消除对方的猜疑，重建夫妻双方的信任。很多单凭解释、辩论、争执无法说服对方的事情，换个方式来表达，便会取得不一样的效果。要想说服自己的爱人，最主要的不是罗列多少证据或解释，而是逗她开心，引她发笑，让她高兴。

案例 189　借"驴子"之力扭转局势，让妻子由愤转谐

一对夫妻因为家庭琐事发生了激烈的争吵，丈夫生气地把妻子拉到窗前，指着正在把一车干草往山上拉的两匹马说："为什么我们不能一起把人生的重担拉向山顶？"

妻子讥讽道："因为我们两个人之间有一个是驴子。"

聪明的丈夫意识到这样吵下去只会两败俱伤，于是他问道："你看得出哪一只是驴子吗？"

妻子气鼓鼓地说："不知道！"

"我看是那头正在喘气的、可怜巴巴的。"

"你怎么知道？"

"因为它是一头怕老婆的驴子。"

恋爱虽易，婚姻却不易，"围城"生活难免存在着各种磕磕绊绊。当对方怒气冲冲时，这种自我调侃的幽默方式安全系数最大，风险最小。不过这种方式的要求比较高，首先我们要有宽广的胸怀，其次要有处变不惊的镇定，最后还要有急中生智的本领，以处理好攻击和调侃之间的关系。

"幸福的家庭都是相似的，不幸的家庭各有各的不幸"。幸福的家庭都有一个共同点，那就是懂得幽默，充满欢笑。作为家庭中的一员，我们应该学会以笑容替代苦恼，以幽默表现愉悦。将我们的真诚、善良以及对家人的爱用幽默的方式表达出来，这样才能使家庭关系变得更亲密、协调、和睦。

> **沟通技巧**
>
> 不管在什么情况下，当我们试图用幽默平息对方的怒火，挽救婚姻时，最重要的是审时度势地与对方分享幽默。但怒火中烧的对方很容易误解我们的意思，如果对方特别敏感，不能领悟我们的幽默，反而将其当作讥讽或嘲笑，就会适得其反，所以我们需要谨慎对待。

第十二章

当众讲话言之有趣,幽默演讲让掌声响起来

> 幽默是语言中的盐。语言表达需要幽默,尤其是在公开场合说话,带有鼓动性、说服性、抒情性和表演性的演讲,更需要演讲者以幽默的方式来表达。用幽默的语言紧扣演讲主题,在欢乐的气氛中将演讲生动化、色彩化,用真诚打动人心,演讲者最终获得观众的好感与认同。

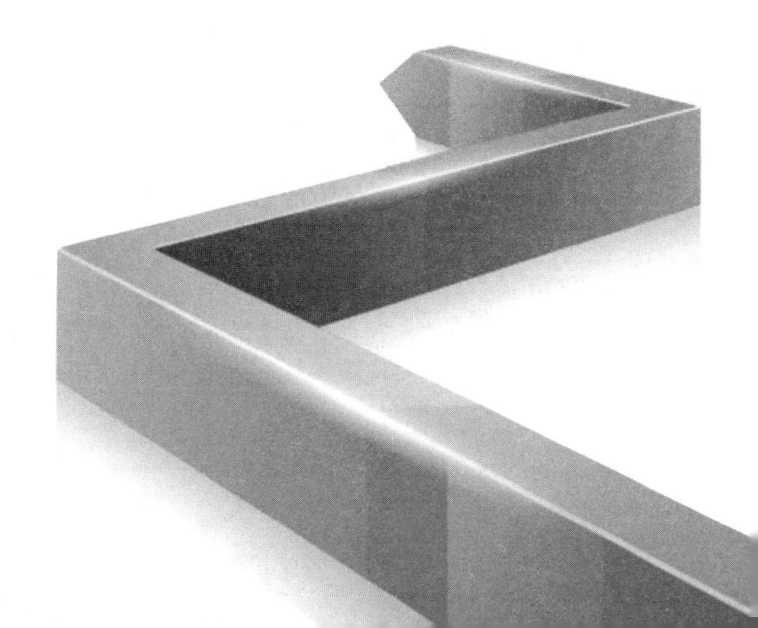

一、当众说话不害怕，克服怯场有诀窍

在工作中，有时会需要我们在大庭广众之下进行演讲，但这对一些没当众发表过意见的人来说，初次演讲时可能会紧张不安，甚至害怕演讲失败畏惧到想要退场。面对这种情况，我们应该如何克服怯场的心理呢？首先，我们演讲时可以发挥自己的幽默细胞，用我们的风趣幽默逗笑大家，缓和自己的紧张心理，让自己在演讲过程中轻松地表达自己的观点和看法。

其实怯场是演讲中常常出现甚至是每个人刚开始都会有的一种心理，只不过每个人的表现程度不同而已。有时我们会看到某个人面带微笑、步履轻快地走向演讲台，有时我们也会看到某个人胸有成竹、泰若自然地面向大家演讲，但事实上，他们内心或多或少会有些紧张和不安的。

有过演讲经历的人都知道，很少有人能真的心平气和、信心十足地站在演讲台上对着台下几百人侃侃而谈。站在演讲台上，绝大部分演讲者心里都是忐忑不安的：我是否已经准备充分？观众会喜欢我的演讲吗？我会不会一开口就把演讲的内容忘得一干二净？……

当演讲开始，掌声平息之后全场一片安静，等待演讲者的精彩开场。这种场景会给演讲者造成巨大的生理和心理压力，面对这么大的外部压力，我们必须尽快让观众开怀大笑，这样才能迅速拉近自己和观众的距离。

因此，幽默是消除紧张气氛的最好方式，只有做到这一点，我们才能让观众喜欢，才能在他们心目中快速建立好感，同时也能使自己摆脱紧张的状态。

案例190 "破罐子破摔"，在笑声中消除紧张感

张彤性格内向，在与陌生人交往的时候总是容易紧张。有一次，因工作需要，她必须在公司大会上介绍自己负责的一个项目，这对她来说是个非常重要的演讲。

会议的前一天，张彤花了很长时间对着浴室镜子练习，并且拉着家人陪着自己演练。结果越练越糟糕，于是张彤又整晚失眠，想象发言的情况会有多么糟糕。

第二天一大早,张彤拖着疲惫的身体走上讲台,打开 PPT 后,张彤感到自己口干舌燥,甚至不敢与其他人对视。5 分钟过去了,张彤依然没有开口,下面的人们开始议论起来,领导也走过来向她询问,这让她更加紧张地说不出话来。

既然已经成这样了,索性不想那么多了,于是张彤开口说:"为了准备今天会议上的介绍,我昨晚对着镜子练习了一晚上,可今天一上台,发现眼前的事物跟对着镜子练习不太一样,所以有些紧张,请大家原谅。"

顿时会议室里的人们都发出了轻松的笑声,而张彤的紧张感也在笑声中消失了。

恰到好处的幽默有时是成功所必备的条件,尤其是对那些经验不足、性格内向的人来说更是如此。当我们遇到怯场心理的压迫时,不妨试试幽默,在观众轻松的笑声中缓解自己的心情,调整自己的心态。

> **沟通技巧**
>
> 很多演讲者虽然做好了充分的准备,但越接近演讲开始的时间越会怯场,这主要是心态还没调整好。不要老想自己演讲时是否会犯错,负面情绪太多会让思绪发散,幽默的话语也会显得尴尬。因此,演讲者要保持积极的情绪,这样才能让自己的幽默发挥出预想的效果。

二、精彩的开场白,让你的演讲成功一半

"万事开头难",演讲也是如此。作为一门语言艺术,要想使我们的演讲先声夺人、引人入胜,就要有好的开场白。可以说,开场白对于演讲的成功与否起着十分重要的作用,几句话就能立即让听者对演讲者产生印象,因此不能不重视。

为了让演讲的开场白足够吸引人,最好的办法就是在其中加入幽默的元素。在演讲中善用幽默可以为演讲增光添彩。总之,在开场白中适当地运用幽默语言,可以展现出不凡的人格魅力,赢得他人的好感与认同。精彩的开场白,可以让自己的演讲先成功一半。

案例 191 约翰·罗克勤:自嘲开路,幽默架桥

美国著名黑人律师约翰·罗克勤口才出众,颇具幽默感。1862 年,在一次观众都是白人的演讲会上,约翰·罗克勤发表了一场主题为"要求解放黑人奴

隶"的演说。

面对全场的白人观众，约翰·罗克勤一上台就对自己的肤色做了一番自嘲解说："女士们，先生们：我来到这里，与其说是发表演说，还不如说是给这一场合增添了一点点'颜色'……"

此言一出，台下的白人观众脸上溢满了笑容，现场紧张的气氛立刻缓和下来。

面对白人观众，黑人演说家却要进行一场解放黑奴的演讲，可以说稍有不慎便可能引发两个种族的冲突。这时，如何使白人观众放下心理戒备、缓和抵触情绪就显得至关重要。约翰·罗克勤这样一个自嘲式的幽默开场白，既风趣又颇具深意，引得白人观众哈哈大笑。这笑声既消除了观众因种族差异而造成的敌对情绪，又缓和了演讲者与观众的关系，同时使沉重的话题变得轻松、自然，可谓"一箭三雕"。

案例192　李敖北大演讲开场白：各位终于看到我了

2005年9月21日，李敖来到北大演讲，一上台便说："你们终于看到我了。我今天准备了一些'金刚怒目'的话，也有一些'菩萨低眉'的话，但你们这么热情，我应该说菩萨话多一些（掌声，笑声）。演讲最害怕四种人：一种是根本不来听演讲的，一种是听了一半去上厕所的，一种是去了厕所不回来的，还有一种是听完演讲不鼓掌的。"李敖话音未落，场内掌声一片。

"当年克林顿、连战等来北大演讲时，是走红地毯入场的，我在进门前也问道：'我是否也有红地毯？'校方说：'没有，因为北大把你的演讲当作学术演讲，所以就不铺红地毯了。'如果我讲得好，就是学术演讲；若讲得不好，讲一半再铺红地毯也来得及。"此时，观众席上爆发出了雷鸣般的掌声。

很多演讲者都喜欢在开场时先恭维一下在场的观众，赢得大家的好感，李敖却反其道而行之，以一句"你们终于看到我了"来打趣观众，可谓匠心独运。紧接着，他用"金刚怒目"与"菩萨低眉"来形容自己的话语，令人捧腹。然后他又用四种人来向观众"讨"掌声，十分巧妙。最后李敖用"红地毯"戏谑了一把，将"台湾文坛第一狂人"的形象一展无遗。如此妙趣横生的开场白，自然值得观众们的满堂彩了。

案例193　职业运动员的上场：冯骥才"脱衣服"

有一次，旧金山中国现代文化中心邀请冯骥才来演讲。演讲即将开始，大厅里座无虚席。文化中心负责人葛浩文向观众介绍说："冯先生不仅是作家，还是画家，以前甚至还是职业运动员（冯骥才曾经是职业篮球运动员）。"

简短介绍完毕，大厅里一片寂静，只等这位来自中国的作家开讲。而这时冯骥才也很紧张，这台"戏"不好唱啊！只见冯骥才沉默了片刻，当着大家的面，把西服上衣脱了下来，又把领带解了下来，最后竟然连毛背心也脱了下来，然后对着观众慢慢说道："刚才葛先生向诸位介绍了我是职业运动员出身，这倒引发了我的职业病。运动员临上场都是要脱衣服的，我今天要把会场当作篮球场，给诸位卖卖力气。"全场观众大笑，掌声雷动。

冯骥才这位"职业运动员"幽默地将演讲台比作篮球场，不过他的开场白靠的不是自己的篮球技艺，而是其随机应变的幽默能力。

案例 194 陶行知"喂鸡"

一次，陶行知在武汉大学演讲，他走上讲台，不慌不忙地从箱子里拿出一只大公鸡，台下的观众全愣住了。陶行知从容不迫地又掏出一把米放在桌上，然后按住公鸡的头，强迫它吃米，可是大公鸡只叫不吃。他又掰开鸡的嘴，把米硬往鸡嘴里塞。大公鸡拼命挣扎，还是不肯吃。最后陶行知轻轻地松开手，把鸡放在桌子上，自己后退了几步，接着大公鸡自己就吃起米来了。

这时陶行知开始演讲："我认为，教育就和喂鸡一样。先生强迫学生去学习，把知识硬灌给他，他是不情愿学的。即使学也是食而不化，过不了多久，他还是会把知识归还给先生的。但是，如果让他自由地学习，充分发挥他的主观能动性，那效果一定会好很多！"台下顿时欢声雷动，为陶行知形象的开场白叫绝。

比语言的幽默更有吸引力的是行为的幽默，就像憨豆先生或卓别林的哑剧一样，仅凭几个动作便能让人捧腹大笑，陶行知的"喂鸡"也是如此。更为难得的是，他的幽默不仅仅活跃了现场的气氛，还起到了很好的教育效果，让观众在欢笑中受益匪浅。

> **沟通技巧**
>
> 不同的场合可以采用不同的幽默开场白方式。一些严肃的场合就不太适合采用一些过于随意的笑话来做开场白；而一些休闲交友的场合则不太适合运用一些过于高深的冷幽默，否则很容易冷场。

三、巧妙穿插，让你的演讲掌声不断

观众的注意力是有限的，如果演讲者一直用一种单调、沉闷的方式叙述自己的观点，台下的观众必然会昏昏欲睡，哈欠连连。因此，当开始自己的演讲后，演讲者仍要努力营造气氛，抓住观众的注意力。

幽默的语言蕴含着令人愉悦的神奇效果，演讲者在演讲中加入一些妙趣横生的话语，比那些虚伪的套话更能拨动观众的心弦。

幽默穿插：
- 与主题相关
- 控制好节奏
- 就地取材

1. 与主题相关

在穿插幽默时要注意：穿插进来的幽默一定要同演讲主题相关，能够起到说明、交代或补充的作用；穿插的幽默要适度，不可过多过滥，造成喧宾夺主，主次不分；衔接必须自然流畅，不能让人产生拼凑之感。

案例 195　思想政治工作的妙喻

一位教授正在给学生做报告，当谈到思想工作者时，他这样说道："有人认为思想工作者是五官科——摆官架子，口腔科——耍嘴皮子，小儿科——骗小孩子。不过，我认为今天的思想工作者是理疗科——以理服人，在潜移默化的相处中，将思想的种子埋在你们的心里。"

用医院的科室来形容思想工作者，既幽默有趣、别具一格，又十分贴切，这样自然会引起观众们的兴趣。对那些高明的演讲者而言，其中穿插的幽默不仅是活跃气氛的一种手段，也是演讲内容不可或缺的一部分。

2. 控制好节奏

在演讲中插入幽默语言时，我们还要注意控制好演讲的节奏，太急躁或太缓慢都会破坏幽默的效果，无法达到预期效果。因此，我们一定要掌握好速度，把时间控制得恰到好处。讲笑话之前，我们没必要提醒大家"我给你们讲一个笑话"，这样会大大降低笑话的幽默力。同样，一些过于夸张的手势或动作也会给观众们一些暗示,破坏幽默的效果。最好的幽默方法应该是"一脸严肃地说笑"。

3. 就地取材

如果条件允许,我们最好就地取材,将生活中的小事或演讲现场发生的趣事幽默化,使之成为演讲幽默得心应手的材料。

案例 196　高尔基调侃鼓掌

1935年,高尔基在某次会议上讲话。他刚走上台站好,与会者便长时间地鼓掌。掌声停息后,高尔基灵机一动,微笑着说:"如果把花在鼓掌上面的全部时间加起来,时间就浪费得太多了。"

听到高尔基的话,全场报以会心的微笑,大家都很钦佩高尔基的谦虚和机智。

这一风趣的回应,表现出高尔基这位大作家出众的语言才能,比起只会连声地说"谢谢!谢谢!谢谢诸位!"的效果要好很多倍。

案例 197　郭沫若母校演讲,自称不是一个"好学生"

郭沫若1955年重返日本九州大学做了一次演讲,九州大学是他的母校,他说道:"在这里我要向我以前的老师表白,我作为一个医科大学生,事实上不是一个'好学生',福冈的风光太美了,千代松原真是非常美丽。由于天天都接近这样好的自然,我在学生时代就不用功,对于医学没有认真地研究,而跑到别的路上去。"

他幽默地说:"当时我在教室里听先生讲课时,就一个人偷偷地在课本上作诗。"这些话使场内不时发出欢快的笑声与掌声。

幽默可以将情感和观点等形象化地表达出来,适当糅合幽默的成分,可以增强演讲的说服力和感染力,让观众能更迅速、更准确地理解我们的意思,感受到我们的情感。

> **沟通技巧**
>
> 穿插与自己有关的幽默,能让观众产生画面感,更有说服力;穿插与演讲有关的幽默,能让观众更容易理解,同时加深印象;穿插具有颠覆性结果的幽默,既能活跃气氛,又能体现演讲者的睿智;穿插具有互动性的幽默,既能活跃现场气氛,还能调动观众参与互动的积极性。

四、演讲有意外，用幽默掌控全场

俗话说"天有不测风云"，谁也无法预测接下来会发生什么样的事情。因此，当我们遇到一些超出预料的事情时，如何利用自己的智慧巧妙处理就显得十分重要。

我们在演讲时常常会遇到一些意外情况，如观众寥寥无几，有人故意捣乱，提出刁钻古怪的问题，当众质疑演讲者的观点等。遇到这些情况时，我们既不能气馁、失望，也不能生气、动怒，否则会直接导致演讲失败，最好的选择是以幽默的方式沉着、机智地应付各种意外情况的发生。

案例198 大师的幽默感：你们的抽水马桶很好用

林语堂在美国哥伦比亚大学讲授中国文化课时，对中国文化大加赞誉。一位女学生不服气地问道："林博士，您是说什么东西都是中国的好，难道我们美国没有一样东西比得上中国的吗？"

这个问题十分令人为难，如果坚定地表示中国比美国什么都好，那肯定会引起在座学生的敌意；但如果反过来赞扬美国，又会显得自己前后不一，令人对中国文化产生怀疑。

思索片刻后，林语堂轻松地回答道："有的，你们美国的抽水马桶就比中国的好用嘛！"

林语堂的话引得场上哈哈大笑，那位女学生对这一回答也无法辩驳。

在演讲中遇到观众有不同意见时，演讲者既不能激烈反对，也不能漠然视之。因为一旦处理不当，就会对接下来的演讲造成负面影响。林语堂在遇到这个令人为难的问题时并没有慌张，而是沉着、巧妙地运用幽默语言将其遮掩过去。一个真正聪明的演讲者必须要具备这种处乱不惊、灵活应变的能力。

案例199 头发里的菜籽

20世纪30年代，美国政界要人凯升首次在众议院发表演说时，由于打扮得比较土气，一位议员在他演讲时插嘴说道："这位伊利诺伊州来的人，口袋里一定装满了麦子吧！"观众听了哄堂大笑。

凯升不慌不忙地说道："真的，我不仅仅口袋里装满了麦子，而且头发里还藏着许多菜籽呢！我们住在西部的人，多数都是土头土脑的。"他的自嘲式的坦率赢得了大家的好感和敬意，接着他大声说道："不过我们藏的虽是麦子和菜籽，却能长出很好的苗子来！"

第十二章
当众讲话言之有趣，幽默演讲让掌声响起来

恶意的攻击或咒骂在某些演讲过程中也会出现，如果我们勃然大怒与之对骂，就会大大损害自身的形象，使捣乱者的预谋得逞；可如果置之不理，则会让对方的气焰更加嚣张，同时也会影响我们在观众心中的威信。

幽默则可以很好地解决这两个问题，凯升先是用"土头土脑"自嘲，接着却话锋一转，灵巧地用"长出很好的苗子"将"麦子"和"菜籽"转变成希望的代名词，十分得体地表现了自己的才华，也表示了自己在工作中的自信心，从而赢得了满堂喝彩。

案例 200　撒贝宁一上台就"摔"话筒

《脱口秀大会》迎来了撒贝宁，这对观众来说是一个不小的惊喜。撒贝宁一向被网友视为"被主持耽误的段子手"，这次他可以真真正正地大秀一把自己的脱口秀了。

不过令撒贝宁自己都没有想到的是，刚一上台他就给自己挖了一个"大坑"。首次来到《脱口秀大会》，撒贝宁显得很兴奋，一上台就拿起了话筒架子，狠狠地往台上一竖，准备给自己摆个造型，结果用力过大，话筒应声飞了出去，重重地摔在了地上。

这个意外把撒贝宁自己都吓了一大跳，尴尬的表情简直就像跳进了自己事先挖好的"大坑"里。台下的观众憋不住了，全场哄笑起来。

主持人张绍刚见状立刻上台，但他并不是来救场的，而是来"补刀"的。只听他"质问"道："撒老师，您是不是对我们有什么不满，故意摔话筒的？"

撒贝宁则故作紧张地向现场导演询问："这话筒贵吗，我的通告费够赔吗？"现场观众一阵爆笑。

张绍刚则继续调侃撒贝宁："这话筒的高度对小撒是一种挑战，他难免会生气，我们理解一下他。"接着，转过头说："撒老师您压压惊，我帮您降一下，降到适合您的高度。"

撒贝宁立马回答道："经过刚才的惊吓后，今天任何高度对我而言都不太适合了。"

关键时刻幽默总能帮助人们渡过难关，就像撒贝宁故作紧张地询问一样，"我的通告费够赔吗？"一句话让全场响起掌声和笑声。

> **沟通技巧**
>
> 意外的发生总是猝不及防的，但这既是一个挑战，也是一个机会。如果能把握住这个机会，我们就能在演讲中制造出意想不到的精彩效果；反之，如果茫然无措，不能及时扭转尴尬，那么整场演讲效果就可能被这个意外所破坏。

五、幽默互动引共鸣，全场参与燃热情

人们注意力最集中的时间往往只有短短的十几分钟而已，演讲时间过长，会使观众精神懈怠，厌倦无聊，从而滋生出一大批的"三把锁"观众：即眉头紧锁、双手紧锁和双脚紧锁。这种抗拒性的身体语言意味着此刻的演讲已经让台下观众失去了继续倾听的兴趣。

为什么演讲中会出现冷场呢？为什么演讲提不起观众的兴趣呢？为什么没有形成良好的倾听氛围呢？如何在演讲中把握好节奏，在合适的时间抛出幽默的段子，让观众感到有趣，抓住观众的内心，消除观众的倦怠心理呢？这就需要幽默互动。

演讲是一种沟通，沟通是一种互动，没有互动就没有心动，没有心动就没有共鸣，没有共鸣的幽默就成了对牛弹琴。

演讲者进行演讲时，如果能够让观众参与其中，在演讲过程中与观众形成良性互动、上下呼应的局面，那么演讲的效果就错不了。那么，如何才能在演讲中让观众与自己幽默互动起来呢？

幽默互动
- 抛出话题，引发议论
- 共做游戏，激发兴趣
- 循循善诱，引导观众
- 动作手势，相互配合

1. 抛出话题，引发议论

"只要诱饵合适，再难钓的鱼也会愿者上钩"。当我们要谈论自己对某一话题的看法和见解时，可以先抛出一个相关的小幽默，从小处切入，引起大家的思考。当大家议论起来后，就可以适时抛出自己的观点和论据，这样必然会让自己的演讲更容易被观众所接受。

案例 201 老先生的有趣提问：人从哪里老起

一位老先生在演讲时向观众提问："人从哪里老起？"

观众纷纷作答，有的说人从脚老起，有的说人从脑子老起，全场气氛十分活跃。

老先生最后作答："我看有的人从屁股老起。"全场哄堂大笑，老先生解释道："某些干部不深入实际，整天泡在'会海'里，坐而论道，那屁股可受苦了，又要负担上身的重压，又要与板凳摩擦，够劳累的。如此一来，岂不是屁股先老吗？"

这位老先生在抨击官僚主义之前，先利用一个提问展开了与观众们的幽默互动，调动了全场观众的参与热情，然后利用一个出乎观众意料之外的回答制造一个悬念，这个悬念引发观众的笑声，有效地引导了观众的思想和情绪。

2. 共做游戏，激发兴趣

以共同游戏的方式和观众形成模仿式互动，既可以激发观众的好奇心，又能增强观众的参与意识，还能集中观众的注意力。当观众积极地参与到互动活动中时，模仿式互动就能使观众跟随我们的思路走。但是，注意把握幽默的尺度，以免引起全场的混乱。

3. 循循善诱，引导观众

在与观众幽默互动时，我们一定要把握好引导方向，将观众的思维导向我们预设的话题上，这样既能让幽默不矫揉造作，显得真切动人，又能避免意外的出现，致使阵脚大乱，影响发挥。

4. 动作手势，相互配合

演讲并不是播音，除了语言外，动作手势也是很重要的一方面。我们要善于利用动作和手势来配合自己的幽默，带动观众参与互动，激发观众的参与热情，渲染现场的感染力。关键在于要以各种新颖的方式来吸引观众与我们互动，抓住有利时机刺激观众的感官神经，避免其审美疲劳。

> **沟通技巧**
>
> 把握好幽默互动，在起、承、转、合上做到收放自如、适度，还要适时引入正题，在演讲中自然提及，这样才能达到预定的演讲效果。如果因为单纯的互动耽误太多的时间，就会因小失大，得不偿失。

六、结尾来个小幽默，为演讲锦上添花

"余音绕梁，三日不绝。"这是演讲结尾追求的最佳效果。而在多种多样的演讲

结束语中，幽默算是其中极有情趣、极富魅力的一种。一个在即将结束时还能赢得观众笑声的演讲，不仅体现了演讲者高超的演讲技巧，还能给自己和观众留下愉快、美好的回忆，给演讲画上圆满的句号，何乐而不为呢？那么，怎样进行演讲的幽默结尾呢？

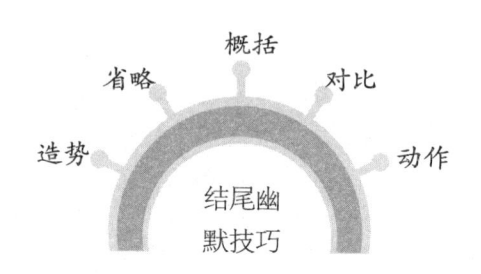

结尾幽默技巧：造势、省略、概括、对比、动作

1. 造势

案例202　老舍的"第六"引众人喝彩

老舍先生是我国的语言大师，不仅文章写得好，而且极其幽默。在一次演讲中，他开头就说："我今天给大家谈六个问题。"接着，他开始第一、第二、第三、第四、第五，逐条地谈下去。

谈完第五个问题后，老舍先生发现离散会的时间已经不多了，于是他提高嗓门，一本正经地说道："第六，散会。"观众先是一愣，接着高兴地鼓起掌来。

幽默时时孕育在名家的思想和言辞当中，因此名家演讲总会妙语连珠，妙趣横生。就像这个案例中老舍先生运用的"平地起波澜"的造势艺术，其打破了正常的演讲内容，出乎观众的意料，从而达到了很好的幽默效果。

2. 省略

案例203　最干脆的发言，两句话定局势

在一次全国写作协会年会的开幕式上，省、市各级有关领导按照顺序逐一发言祝贺。轮到最后一位发言时，开幕式已经进行了很长时间。于是，这位领导说道："首先，我代表党委和政府对各位专家学者的到来表示热烈的欢迎。"掌声过后，稍事停顿，他又响亮地说道："最后，我预祝大会圆满成功。我的讲话完了。"就这样，他以迅雷不及掩耳之势结束了自己的演讲。

观众一愣，随即明白领导的意思，场下响起了热烈的掌声。

第十二章
当众讲话言之有趣，幽默演讲让掌声响起来

从"首先"一下子跳到"最后"，省去了中间的其次、再次……这样的讲话如同天外来石，出人预料，达到了强烈的幽默效果。

3. 概括

案例 204　旧瓶装新酒，精炼总结不啰唆

在某大学管理系的一次毕业生会议上，首先是系党总支书记讲话，主要是向毕业生表示祝贺；然后是王教授讲话，希望同学们继续努力学习；第三个讲话的李教授朗诵了高尔基的《海燕》片段，以此勉励毕业生们学习海燕的精神；而第四个讲话的系副主任则表示希望同学们永远记住母校和老师们。

紧接着，学生们又欢迎胡教授讲话。在毫无准备而又难以推辞的情况下，胡教授站起来了。他先简单地回顾了四年来与同学们交往的几个难忘的片段，最后说："前面几位领导与教授给大家提出了殷切的希望，可我还是要说他们说过的话。第一，我要祝贺同学们顺利毕业！第二，我希望同学们能'学习、学习、再学习'！第三，我希望同学们像海燕一样勇敢地搏击，不惧生活的暴风雨！第四，我希望同学们不要忘记母校，不要忘记辛勤培育你们的老师们！"

胡教授通过对前面四个人的演讲主题的简练概括，旧瓶装新酒，不落窠臼，以一个机智、风趣且具有个性的结尾给自己的演讲画上了一个圆满的句号，同时也表达了他对毕业生的祝贺和期盼之情。

4. 对比

案例 205　巧借道具让演讲别开生面，趣味对比让结尾妙趣横生

鲁迅先生在结束《在上海中华艺术大学的演讲》时说："以上是我近年来对于美术界观察所得的几点意见。"顿了顿，他又接着说："今天我带来了一幅中国五千年文化的结晶，请大家共同欣赏。"

说着，他一手伸进长袍，把一卷纸慢慢从衣襟上方伸出，观众定睛一看，原来是一块丑陋的月份牌，顿时全场大笑。

丑陋的月份牌实在算不上什么艺术品，而有些人却盲目推崇，视它为"国粹"，鼓吹"中国五千年文化的结晶"。鲁迅先生将手里的月份牌与演讲的结束语形成了鲜明的讽刺意味，极具幽默感，不仅使演讲在欢快的气氛中圆满落幕，而且使观众在笑声中深入思考"国之瑰宝"的含义，领悟先生演讲的深意。

5. 动作

案例 206　《餐后演讲》：运动的三种方式

1936年，美国书籍出版者协会和《纽约时报》共同举办了第一届全美书展，林语堂受邀前去演说。

林语堂一上台就四下打量，没有说话气势就出来了。接着，他不慌不忙地讲起中国人的人生哲学和生活态度。他没有拿稿子，好像是临场发挥，纯正的发音，幽默的表达，机智、俏皮的口吻赢得了一阵又一阵的掌声。

就在大家听得入神之际，他却猛地收起了话匣子，说道："中国哲人的作风是'有话就说，说完就走'！"接着他挥一挥衣袖，背着手踱起方步，飘然而去。

在座的人面面相觑，半天没回过神来，随后爆发出热烈的掌声。

林语堂在观众听得入神时猛地收起话匣子，结尾干脆利落，极其幽默，在让观众出人意料的同时，使其产生意犹未尽之感。如此结尾确实是风格独具，别出心裁。

虽说借助幽默的动作来结束演讲的例子比较少见，但也很有效果。这种紧扣话题的语言艺术惟妙惟肖，自然贴切，将话语与动作融为一体，自然能赢得观众们的掌声和欢笑声。

演讲的幽默式结尾方法还有很多，其中最关键的在于演讲者自身。只有演讲者具有幽默感，并能在演讲中恰如其分地把握住演讲的气氛和观众的心态，就能使演讲达到"余音绕梁，三日不绝"的效果。

> **沟通技巧**
>
> 通常来说，成功的演讲都能达到唤起观众感情，引起观众共鸣等效果。而幽默风趣的结尾则会使演讲显得与众不同，也是演讲者口才与智慧的体现。因此，结尾一般可以选择补充、总结和升华等内容进行幽默式表达，为演讲锦上添花。